DAS
WESLEYANISCHE
VIERECK

DAS WESLEYANISCHE VIERECK
Eine Einführung

Don Thorsen

DTL Offene Ressourcen für die globale theologische Ausbildung

DTL

Library of Congress Cataloging-in-Publication Data
Katalogisierungsdaten der Library of Congress

Don Thorsen
[The Wesleyan Quadrilateral: An Introduction / Don
Thorsen]
Das Wesleyanische Viereck: Eine Einführung / Don
Thorsen

170 + xiii pp. cm. cm. 15.24 x 22.86
ISBN 979-8-89731-067-8 (Buch drucken)
ISBN 979-8-89731-068-5 (Ebuch)
ISBN 979-8-89731-069-2 (Kindle)
    1. Wesley, John, 1703-1791.
    2. Vereinigte Methodistische Kirche (USA) – Lehren
    – Geschichte.
    3. Methodistische Kirche – Lehren – Geschichte.
BT80 .T5615 2025

*Dieses Buch ist in mehreren Sprachen erhältlich unter
www.DTLPress.com*

Titelbild: John Wesley predigt am Grab seines Vaters
(Ölgemälde aus dem 19. Jahrhundert in der Wesley
Chapel, London).
Bildnachweis: DTL-Mitarbeiter

DTL

Widmung

Ich widme dieses Buch Christen, die die primäre religiöse Autorität der Heiligen Schrift anerkennen, sich aber in gutem Gewissen darüber im Klaren sind, dass diese – in Vergangenheit und Gegenwart – auf einem breiteren Kontext religiöser Autoritäten beruhen, die zwar authentisch, aber der Heiligen Schrift untergeordnet sind, und dass kirchliche Tradition, kritisches Denken und relevante Erfahrung in christliche Glaubenssätze, Werte und Praktiken integriert werden müssen.

Inhalt

Originalvorwort

Das Wesleyanische Quadrilateral, eine Kurzformel für die Anhänger John Wesleys, um ihr Verständnis religiöser Autorität zusammenzufassen, ist nach wie vor entscheidend dafür, wie Christen heute das Evangelium Jesu Christi verstehen und leben. Wesleys vierfaches Verständnis religiöser Autorität umfasste Schrift, Tradition, Vernunft und Erfahrung. Er betrachtete die Schrift als einzigartig, inspiriert, vertrauenswürdig und als die primäre religiöse Autorität für christliche Glaubenssätze, Werte und Praktiken. Darüber hinaus berief sich Wesley auf Tradition, Vernunft und Erfahrung als authentische, wenn auch sekundäre religiöse Autoritäten, die Christen halfen, ihr Verständnis und ihre Anwendung des biblischen Christentums zu kontextualisieren. Es war Wesley wichtig, den gesamten Kontext religiöser Daten zu untersuchen, während er die Schrift induktiv und deduktiv studierte, sowie die kirchliche Tradition und relevante Erfahrungen, einschließlich spiritueller und physischer, individueller und gemeinschaftlicher Erfahrungen.

Nicht alle Christen sind sich der Kontextualität ihres theologischen Verständnisses und ihrer Anwendung der Schrift bewusst. Daher zielt diese Einführung in das Wesleyanische Quadrilateral zunächst darauf ab, Wesleys Verständnis religiöser Autorität und theologischer Methode darzustellen. Zweitens wird von Christen aller kirchlichen Traditionen erwartet, dass sie ihre Überzeugungen und Werte mit ihren Praktiken in Einklang bringen. Sie kontextualisieren ihr Christentum, ohne sich dessen bewusst zu sein.

1990 veröffentlichte ich „The Wesleyan Quadrilateral" bei Zondervan, und Emeth Press verlegt es noch immer. Diese Einleitung zu „The Wesleyan Quadrilateral" stellt größtenteils eine gekürzte Fassung meines früheren Buches mit Überarbeitungen dar. Der Schwerpunkt liegt daher auf einem historischen Verständnis von Wesleys Theologie und nicht auf der zeitgenössischen Forschung zu diesem Thema. Die meisten Überarbeitungen in diesem Buch betreffen die Struktur, Nomenklatur und Reihenfolge der Kapitel sowie die Hinzufügung von Diskussionsfragen am Ende jedes Kapitels. Wer sich eingehender mit „The Wesleyan Quadrilateral" befassen möchte, kann mein früheres Buch „The Wesleyan Quadrilateral" lesen.

Mein besonderer Dank gilt Larry Wood, der mich ermutigt hat, diese Einleitung zu schreiben. Larry ist mein Mentor und Freund, seit ich bei ihm am Asbury Theological Seminary studierte.

Wie immer bin ich meinen Töchtern Liesl, Heidi und Dana Thorsen sowie Heidis Ehemann Will Oxford dankbar. Ihre Liebe und Unterstützung bestärken mich in meiner Berufung, Bücher zu schreiben, die Christen dazu ermutigen, ihr Wissen zu erweitern und das biblische Christentum in Wort und Tat wirksamer zu praktizieren.

Don Thorsen

Vorwort zu dieser Reihe und diesem Buch

Diese Reihe

Die Mission der Digitalen Theologischen Bibliothek (DTL) ist es, allen Menschen zu helfen, sowohl selbstkritisch über den eigenen Glauben nachzudenken als auch den demütigen Dialog mit Menschen anderer Traditionen zu führen. In unserer Zusammenarbeit mit theologischen Fakultäten in Entwicklungsländern haben wir einen deutlichen Bedarf an theologischen Ressourcen in verschiedenen Sprachen festgestellt.

Diese Reihe soll diesem großen Bedarf gerecht werden. Die DTL arbeitet intensiv daran, angesehene Werke aus den Bereichen Bibel-, Religions- und Theologiewissenschaften zu finden, um sie in Übersetzungen einer breiteren Öffentlichkeit zugänglich zu machen. Sofern es die Umstände erlauben, erwirbt die DTL die Rechte, solche Werke in weitere Sprachen zu übersetzen und diese Übersetzungen in dieser Reihe verfügbar zu machen.

Aufmerksame Leser werden bemerken, dass im Vorspann des Werks kein Übersetzer genannt wird. Wir weisen daher darauf hin, dass dieses Werk, wie alle von der DTL übersetzten Werke, größtenteils mithilfe künstlicher Intelligenz übersetzt wurde. Wir vertrauen darauf, dass unsere KI-Anwendung eine Übersetzung hervorgebracht hat, die dem bereits veröffentlichten Text des Autors gerecht wird.

Es ist sinnvoll, unseren Ansatz bezüglich Zitaten und Dokumentation zu erläutern. Wenn möglich, haben wir Zitate im Text und die Kommentare des Autors in

Fußnoten aus der Originalsprache in die Zielsprache übersetzt. Bibliografische Angaben haben wir jedoch grundsätzlich nicht aus der Ausgangssprache in die Zielsprache übersetzt. Unsere Begründung für diese redaktionellen Entscheidungen war einfach. Wir wollten das Bedürfnis der Leser nach Verständnis der Argumente des Autors (deshalb übersetzen wir Zitate grundsätzlich) mit dem Bedürfnis der Leser nach Kenntnis der Quelle von Zitaten und Verweisen in Einklang bringen. Daher werden Zitate im Text und die Kommentare des Autors in Fußnoten grundsätzlich übersetzt, bibliografische Angaben hingegen nicht. (Wir sind gelegentlich von diesen Grundsätzen abgewichen, wenn ein Autor auf einen bekannten, in vielen Sprachen verfügbaren Text verwiesen hat. In solchen Fällen werden Titel manchmal übersetzt.)

Dieses Buch

Der bleibende Wert dieses Werkes liegt in seiner ausgereiften, differenzierten und dennoch zugänglichen Analyse von John Wesleys theologischer Methode als Leitfaden für theologische Reflexion. Obwohl John Wesley, der Begründer des Methodismus im 18. Jahrhundert, sich selbst als „Mann eines Buches" bezeichnete, war er sich durchaus bewusst, dass die Heilige Schrift ein Produkt der Kirche und ein Geschenk der Kirche war – ein Geschenk, das der Interpretation bedurfte. Als Sohn eines gebildeten anglikanischen Priesters einerseits und einer tief pietistischen Mutter andererseits war Wesley sowohl im Anglikanismus seiner Zeit als auch in den Praktiken und Erfahrungen des Pietismus („Wissen" und „lebendige Frömmigkeit" nannte Wesley sie) fest verwurzelt. Ausgehend von diesen Wurzeln entwickelte Wesley das, was als das Wesleyanische Viereck bekannt wurde: die Interpretation der Heiligen Schrift durch Vernunft,

Tradition und Erfahrung. Dieses Buch untersucht dieses Viereck. Wir danken

Dr. Don Thorsen und Emeth Press (dem ursprünglichen Urheberrechtsinhaber dieses Buches) für ihre Großzügigkeit, die es dem DTL ermöglicht, dieses wertvolle Werk in weiteren Sprachen zu veröffentlichen (das englische Original ist weiterhin bei Emeth Press erhältlich). Wir hoffen aufrichtig, dass dieses neu übersetzte Werk weltweit ein breites und offenes Publikum findet.

DTL-Mitarbeiter

KAPITEL 1
WAS IST DAS WESLEYANISCHE VIERECK?

Als John Wesley im 18. Jahrhundert zu einem der führenden Köpfe der Erweckungsbewegung in England wurde, ging seine Hoffnung auf spirituelle Erneuerung über Evangelisation und Jüngerschaft hinaus. Er wollte das, was er „Herzensreligion" nannte, mit einer soliden theologischen Grundlage im biblischen Christentum verbinden.

Obwohl er sich nicht auf das systematische Studium und Schreiben theologischer Texte konzentrierte, zeigte Wesley ein ganzheitliches Verständnis des christlichen Glaubens, das seine wissenschaftliche Arbeit als Bibelexeget oder Theologe übertraf. Sein theologisches Verständnis basierte auf dem methodischen Ansatz, den er aus der anglikanischen und kontinentalen protestantischen Tradition übernommen hatte, und einem katholischen Geist, der eine Fülle von Erkenntnissen über das wahre Christentum in den Kontext zu integrieren suchte. Dies führte nicht nur zu einer eklektischen Ansammlung unterschiedlicher Glaubensrichtungen; Wesley versuchte, theologische Ideen im Einklang mit der Heiligen Schrift zu formulieren. Um die Ganzheit und Vitalität wahrer, bibelgetreuer Religion zu beschreiben, berief er sich auf kirchliche Tradition, kritisches Denken und einschlägige Erfahrung als ergänzende religiöse Autoritäten. Diese Autoritäten trugen zusammen mit der Heiligen Schrift als primärer religiöser Autorität zu einem theologischen Ansatz bei, der für Christen bis heute relevant ist.

John Wesley als Theologe
Wesleys Ansehen als Theologe hat im Laufe der Zeit zugenommen. Was inspiriert heutige Leser dazu, sich mit

Wesleys Theologie zu befassen? Viele scheinen von der praktischen Relevanz seiner theologischen Unternehmungen beeindruckt zu sein.

Albert Outler, Herausgeber der wissenschaftlichen Ausgabe von Wesleys Predigten, bezeichnet ihn als „Volkstheologen". Diese Beschreibung legt nahe, Wesley als „fachlich kompetenten Theologen mit einer bemerkenswerten Fähigkeit zur kreativen Vereinfachung" zu betrachten.[1] Andere betonen die theologische Qualität von Wesleys Schriften. So plädiert beispielsweise Randy Maddox dafür, Wesley als systematischen Theologen neu zu betrachten.[2] Wieder andere verweisen auf Wesleys Beiträge zu Lehren wie Christologie, Erlösung und Heiligung.

A Theology of Love eine faszinierende Interpretation Wesleys. Ihr kreativer Ansatz identifiziert die Liebe als hermeneutisches Thema, das sich durch Wesleys Werke zieht. Dabei präsentiert sie Wesleys Theologie auf eine Weise, die „sich dem neuen Naturverständnis des modernen Menschen empfiehlt und eine Grundlage für den christlichen Lebenssinn liefert, nach dem alle Menschen suchen, ob sie nun wissen, wonach sie suchen oder nicht."[3] Einer von Wynkoops zahlreichen Beiträgen zur wesleyanischen Forschung ist die Hervorhebung von Wesleys Methodologie.

Wesley formulierte keine explizite theologische Methode. Ihm ging es mehr um die praktische Relevanz und Anwendbarkeit der Theologie als um ihre Theorie. Kohärenz und Konsistenz bei der Formulierung theologischer Ideen waren ihm jedoch nicht gleichgültig. Er akzeptierte das Prinzip „allein die Heilige Schrift" (lat. sola scriptura), das die endgültige Autorität der Schrift betonte und im 16. Jahrhundert zum Leitspruch der protestantischen Herangehensweise an die christliche Lehre geworden war. Er akzeptierte auch den Geist, in dem anglikanische Gelehrte in der Church of England an die Theologie herangingen. Es ging ihnen nicht darum, systematische Theologien zu entwickeln;

2

vielmehr verfolgten sie eine theologische Methode, die verschiedene Quellen religiöser Autorität im Geiste der Katholizität – einem Geist der Akzeptanz und Einbeziehung unterschiedlicher Glaubenssätze, Werte und Praktiken – integrieren konnte.

In diesem Sinne liegt Wesleys Besonderheit nicht in einer systematischen Theologie, sondern in einer theologischen Methode – dem Rahmen, in dem theologische Fragen gestellt und beantwortet werden. Die synthetische Arbeit des Theologen bezieht sich mehr auf die Qualität der Methode oder die Mittel zur Herangehensweise an religiöse Fragen als auf die Qualität des Systems oder das Endergebnis theologischer Forschung. Gewiss erkannte Wesley den Wert beider für Christen, doch er sah einen größeren Wert in der Methode, mit der man sich den unmittelbaren Bedürfnissen der Menschen innerhalb und außerhalb der Kirche näherte. Wesley fand Ganzheit eher im Prozess der Theologie als in ihrer vermeintlichen Vollendung.

Da Wesley seine theologische Methode nicht formal darlegte, müssen wir sie aus seinen Schriften herausfiltern, und Wesleys Werke liefern viele Hinweise auf die Art seines methodischen Ansatzes. Im Vorwort zu seinen gesammelten Werken von 1771 schreibt Wesley, „dass ich in dieser Ausgabe ernsthaften und aufrichtigen Männern meine letzten und reifsten Gedanken vorlege, die, wie ich hoffe, mit der Heiligen Schrift, der Vernunft und dem christlichen Altertum übereinstimmen."[4] Hier zeigen sich sowohl kontinentale protestantische als auch anglikanische Einflüsse auf Wesleys theologische Herangehensweise; nämlich, dass er in seinen Schriften den Vorrang der Autorität der Heiligen Schrift aufrechterhält, indem er diese immer an erster Stelle nennt. Doch an anderer Stelle erwähnt Wesley die Erfahrung als echte religiöse Autorität, die zusammen mit Tradition und Vernunft anerkannt werden muss, um die Wahrheiten der Heiligen Schrift zu bestätigen, zu erhellen und mit Leben zu

3

füllen. In einem bemerkenswerten Beispiel nimmt Wesley sie in den Titel seiner längsten theologischen Monographie auf: *The Doctrine of Original Sin, according to Scripture, Reason, and Experience.*

Man könnte Wesleys Einbeziehung von etwas anderem als der Heiligen Schrift als echte religiöse Autorität in Frage stellen. Doch für Wesley, der im Kontext der anglikanischen Theologie des 18. Jahrhunderts lebte, war das kein Thema. Anglikaner hatten sich seit langem auf Tradition und Vernunft als echte religiöse Autoritäten berufen. Diese Berufungen widersprachen nicht dem Prinzip des *sola scriptura* der kontinentalen Reformation. Anglikanische Theologen erkannten, dass die Reformatoren menschliche Erfahrung, Vernunft und Tradition als Faktoren in ihre theologische Methode integriert hatten. Anglikaner, Wesley eingeschlossen, betrachteten ihre theologischen Ansätze als Ergänzung zu *sola scriptura*. Die Heilige Schrift blieb die wichtigste Quelle religiöser Autorität, doch andere Quellen wurden ausdrücklich als notwendig für die theologische Reflexion genannt – wenn auch zweitrangig und abhängig vom Primat der inspirierten Schrift.

Schrift, Tradition, Vernunft und Erfahrung

Wesley bezog sich selten gleichzeitig auf alle vier Quellen religiöser Autorität; wenn er es aber tat, bezog er sich auf eine bestimmte Lehre oder theologische Idee. So bezieht er sich beispielsweise in einer Broschüre mit dem Titel „Die Prinzipien eines Methodisten" auf die vier Quellen. Es war sein erstes kontroverses Werk zur Unterstützung der methodistischen Erweckungsbewegung. Darin verteidigt Wesley seine Lehre von der Heiligung:

> Wenn diese Worte etwas Unbiblisches, etwas Wildes oder Extravagantes enthalten, etwas, das dem Glaubensverständnis oder der Erfahrung erwachsener Christen widerspricht, dann sollen sie mich „freundlich

4

schlagen und tadeln"; sie sollen mir das klarere Licht vermitteln, das Gott ihnen gegeben hat.[5]

Hier lehnt Wesley den Glauben an etwas ab, das der Heiligen Schrift oder der Vernunft widerspricht, und bejaht nur das, was im Lichte der Heiligen Schrift vernünftig ist. „Wilde oder extravagante" Überzeugungen, Werte und Praktiken standen weder mit Wesleys Verständnis der Heiligen Schrift noch mit Logik und kritischem Denken im Einklang.

Wesleys Verwendung der Glaubensanalogie impliziert seine Bestätigung der reichen Tradition christlicher Versuche, biblische Wahrheiten zu interpretieren und zu verstehen. Obwohl er sich hauptsächlich auf die christliche Antike bezog, war er nicht abgeneigt, viele andere Quellen theologischer Einsichten in Betracht zu ziehen. Die „Analogie des Glaubens" (lat. *analogia fidei*) ist ein gängiges Konzept in der Geschichte der Bibelauslegung. Sie setzt ein Gespür für die theologische Bedeutung der Heiligen Schrift voraus, das über die „Analogie der Schrift" (lat. *analogia Scriptura*) hinausgeht. (Letztere betrifft die Interpretation unklarer, schwieriger oder mehrdeutiger Passagen der Heiligen Schrift durch Vergleich mit klaren und eindeutigen Passagen, die sich auf dieselbe Lehre oder dasselbe Ereignis beziehen.) Wesley bekräftigte beide als notwendige Analogien für das richtige Verständnis christlicher Wahrheiten.

Schließlich appellierte Wesley an die Erfahrung geisterfüllter Christen, insbesondere jener, die ein gewisses Maß an Reife in ihrem Verständnis und ihrer Hingabe an solch komplexe Themen wie die Lehre von der Heiligung erreicht hatten. Indem er sich auf die Erfahrung berief, kündigte Wesley einen subtilen, aber tiefgreifenden Wandel in der historischen Entwicklung der theologischen Methode an. Er beabsichtigte nicht, in seiner theologischen Herangehensweise innovativ zu sein. Im Gegenteil, er versuchte, sich der orthodoxen Tradition christlicher Glaubensvorstellungen anzupassen, die von der apostolischen Kirche überliefert worden war. Daher spiegelte sein Appell an die Erfahrung einen ausdrücklichen Versuch wider, das zu bekräftigen, was schon immer als Teil eines lebendigen christlichen Lebens vorausgesetzt worden war. Um der Notwendigkeit einer Religion des Herzens wie des Verstandes Rechnung zu tragen, wollte Wesley die Erfahrungsdimension aller wahren, biblischen Religion anerkennen. Er betrachtete dies nicht als neu oder revolutionär. Aber es signalisierte einen Paradigmenwechsel in der Art und Weise, wie Christen das Christentum selbstbewusst verstehen und verkünden.

Hierin liegt eine besondere Stärke von Wesleys theologischer Methode: die Anerkennung, Beschreibung und Anwendung der kontextuellen Autoritäten von Tradition, Vernunft und Erfahrung im Hinblick auf ihren Beitrag zur primären religiösen Autorität der Heiligen Schrift und in ihrer Korrelation mit dieser. Wesley erreichte dies, indem er seine fortschrittlichen Ideen, insbesondere zur Rolle der Erfahrung, in den Kontext orthodoxer christlicher Glaubensvorstellungen stellte – eine Spannung, die späteren Theologen weniger erfolgreich gelang.

Experimentelle Methode

So näherte sich Wesley der Theologie aus einer selbstbewussten und konsequenten Perspektive und verwendete eine von ihm als experimentell bezeichnete Methode. Diese Methode bestand aus dem richtigen Einsatz induktiven und deduktiven Denkens und der Untersuchung relevanter Beweise für die Religion. Die Heilige Schrift blieb die wichtigste religiöse Autorität; alle anderen waren sekundäre, wenn auch ergänzende Autoritäten bei der Suche nach religiöser Wahrheit. Diese sekundären Autoritäten dienten dazu, die in der Heiligen Schrift gefundenen Erkenntnisse zu bestätigen, zu bewerten und anzuwenden. Wesley verknüpfte jedes Element zu einem gestalthaften

6

Verständnis religiöser Wahrheiten, das sowohl dem rationalen Gehalt des Christentums als auch der lebendigen, spirituellen Frömmigkeit gerecht wurde, die eine persönliche Beziehung zu Gott kennzeichnet.

Um diese Ziele zu erreichen, erkannte Wesley, dass er mehr tun musste, als nur die Heilige Schrift zu studieren. Seine theologischen Untersuchungen beinhalteten daher die Suche nach religionsrelevanten Fakten außerhalb der Heiligen Schrift. Da Wesleys Synthese Eigenschaften aufweist, die sich nicht ohne Weiteres aus der Summe ihrer Teile ableiten lassen, müssen wir Regeln oder Prinzipien erfassen, die sein Denken repräsentieren. Wir dürfen nicht vergessen, dass Wesley kein systematischer Theologe im üblichen Sinne war. Obwohl er in seiner theologischen Schrift nach Kohärenz und Konsequenz strebte, folgte er unmissverständlich dem Paradigma der anglikanischen Theologie, das sich stärker mit dem Geist und der Methode befasste, mit der man einzelne Fragen der Lehre und der praktischen Theologie anging. Daher ist es sinnvoll, ein theologisches Paradigma zu formulieren, das Wesleys Modifikation (durch Hinzufügung von Erfahrung) des dreifachen Gebrauchs von Schrift, Tradition und Vernunft in der anglikanischen Theologie widerspiegelt, die wiederum auf der reformatorischen Bekräftigung des Primats der Autorität der Heiligen Schrift basierte.

Das Wesleyanische Viereck

Das Wesleyanische Viereck ist ein Paradigma oder Modell dafür, wie Wesley an die Aufgabe der Theologie heranging. Wesley prägte den Begriff weder selbst, noch verwendete er ihn; das Wesleyanische Viereck stellt einen modernen Versuch dar, die vier Richtlinien zusammenzufassen, die Wesley bei seiner Reflexion über Theologie verwendete. Albert Outler erwähnte das Wesleyanische Viereck erstmals Ende der 1960er Jahre, als er

Mitglied der Kommission für Lehre und Lehrstandards der Evangelisch-methodistischen Kirche war. Outler wählte das Viereck als Analogie zum bereits bekannten Begriff der anglikanischen und episkopalen Kirche, dem „Lambeth-Viereck", das deren Grundlagen für eine wiedervereinigte christliche Kirche formulierte.[6]

Der Inhalt des Wesleyanischen Vierecks unterscheidet sich vom Lambeth-Viereck. Outler hielt den Begriff jedoch für hilfreich, um die kontextuelle Interaktion zwischen den vier religiösen Autoritäten in Wesleys Theologie zu beschreiben. In diesem Buch dient das Viereck als Modell für die Untersuchung von Wesleys theologischem Ansatz, wobei er den Vorrang der Autorität der Heiligen Schrift mit den ergänzenden Autoritäten der Kirchentradition, des kritischen Denkens und der relevanten Erfahrung in Spannung setzt.

Outler beabsichtigte nicht, das Viereck als geometrische Figur zu verwenden. Solche Figuren wirken statisch und können auf eine Weise gezeichnet werden, die wichtige Schwerpunkte in Wesleys Theologie verzerrt. Vielmehr entschied sich Outler, das Viereck metaphorisch zu verwenden. Er sagte:

> Es war als Metapher für ein Vier-Elemente-Syndrom gedacht, einschließlich der vierfachen Autoritäts-richtlinien in Wesleys theologischer Methode. In dieser Quaternität ist die Heilige Schrift eindeutig einzigartig. Dies wiederum wird durch die kollektive christliche Weisheit anderer Zeitalter und Kulturen zwischen dem apostolischen Zeitalter und unserer Zeit erhellt. Es ermöglicht auch die Rettung des Evangeliums vor dem Obskurantismus durch die Disziplin der kritischen Vernunft. Doch stets muss die biblische Offenbarung im Herzen durch Glauben aufgenommen werden: Dies ist die Voraussetzung der „Erfahrung".[7]

Trotz möglicher Missverständnisse hat sich der Begriff „Viereck" zur Bezeichnung Wesleys sowohl innerhalb als auch außerhalb wesleyanischer Kreise durchgesetzt. Outler bedauerte öffentlich, den Begriff geprägt zu haben, da er so häufig missverstanden wurde.[8] Der Begriff ist jedoch so populär, dass er eine ausführliche Behandlung verdient, auch wenn er nicht das einzige Modell für das Studium von Wesleys Theologie darstellt. Andere Modelle könnten herangezogen werden, beispielsweise die Modelle Wesleys als praktischer, ökumenischer oder systematischer Theologe, die in der Vergangenheit verwendet wurden. Für das Studium der kreativen, kontextuellen und lebensspendenden Qualität von Wesleys Theologie ist das Viereck jedoch das hilfreichste Modell.

Heute besteht Bedarf an einem genuin kontextuellen Theologiemodell, das die wechselseitige Bedeutung aller historischen Anspruchsberechtigten auf religiöse Autorität – nämlich Tradition, Vernunft und Erfahrung – in Bezug auf die Heilige Schrift berücksichtigt. Die Betonung der *sola scriptura* durch die Reformatoren stellte einen wichtigen Kontrast zum Missbrauch kirchlicher Autorität im römisch-katholischen Glauben des 16. Jahrhunderts dar. Die Reformatoren selbst stützten sich bei der Formulierung ihrer Theologie jedoch nicht nur auf die Heilige Schrift, sondern erkannten die Notwendigkeit, ihre Überzeugungen wohlbegründet und im Einklang mit den ökumenischen Glaubensbekenntnissen der patristischen Kirche darzulegen. Wie dem auch sei, spätere Protestanten betrachteten *sola scriptura* als ausschließlich die Heilige Schrift und nicht als primär die Heilige Schrift. Diese Exklusivität vermochte die Komplexität und Ausgereiftheit christlicher Glaubenssätze, Werte und Praktiken nicht zu vermitteln. Die Christen der Church of England erkannten diese Schwäche und bemühten sich um eine realistischere und gewinnendere Beschreibung des Christentums.

Anglikanische Theologen wie Richard Hooker suchten einen Mittelweg (lat. *via media*) zwischen den theologischen Überbetonungen, die sie im kontinentalen Protestantismus und im römischen Katholizismus wahrnahmen. Sie hofften, die bischöflichen Beschränkungen des römischen Katholizismus und die begrenzten theologischen Kategorien des Protestantismus zu vermeiden, die ihrer Ansicht nach ein umfassendes und lebendiges Verständnis des Christentums verhinderten. Indem sie sich neben der Heiligen Schrift ausdrücklich auf Tradition und Vernunft als religiöse Autorität beriefen, hielten sich die Anglikaner nicht für besonders innovativ, sondern glaubten, ihren theologischen und geistlichen Bemühungen mehr Integrität verliehen zu haben.

Die Verwendung des Vierecks als Modell verdeutlicht, dass Wesley dasselbe Streben nach Vollständigkeit und Vitalität teilte wie seine anglikanischen Vorfahren. Das Viereck ermöglicht es uns, das gestalthafte Verständnis von Wesleys theologischem Ansatz zu bewahren, ohne eine systematische Theologie entwerfen zu wollen, die Wesley praktisch nie beabsichtigte oder wünschte.

Wesley war die praktische Mitarbeit im geistlichen Dienst wichtig, und sein theologisches Werk diente diesem Zweck. So wie Lernen und geistlicher Dienst nicht abstrakt erfolgen, näherte er sich der Theologie mit dem Gedanken an die Anwendung zur Problemlösung. Ob es um Glaubenslehre oder geistliche Zweckmäßigkeit ging, Wesley versuchte, alles, was er für die unmittelbaren Bedürfnisse für relevant hielt, in seiner Theologie zu berücksichtigen. Deshalb orientierte er sich in seiner Theologie eng an der seiner Ansicht nach authentischsten Tradition der christlichen Kirche, die durch die protestantische Reformation und die Church of England überliefert wurde. Seine Einbeziehung von Erfahrung in seine theologische Methode, auch wenn sie zunächst nur eine kleine Gruppe betraf, war eine grundlegende Idee, die bis heute für die historische Entwicklung der Theologie von Bedeutung ist.

Diskussionsfragen

Inwiefern betrachten Sie die Heilige Schrift als die wichtigste religiöse Autorität bei der Entscheidung über christliche Glaubenssätze, Werte und Praktiken? Auch wenn Sie theoretisch Ihre wichtigste religiöse Autorität bejahen, ist diese auch in der Praxis die wichtigste für Sie?

Wie hat die kirchliche Tradition zu Ihrem Verständnis des Christentums beigetragen? Wie beeinflusst die Tradition der Vergangenheit Sie und wie beeinflusst Ihre gegenwärtige Kirchenerfahrung Sie?

Wie trägt Vernunft oder kritisches Denken zu Ihren Überzeugungen, Werten und Praktiken als Christ bei?

Inwieweit beeinflusst Ihre Erfahrung Ihr Verständnis des Christentums? Wie beeinflusst Ihr persönlicher Kontext realistisch gesehen, was Sie glauben, wertschätzen und praktizieren?

Inwiefern ist das Wesleyanische Viereck eine hilfreiche Möglichkeit, über Ihr Verständnis des Christentums zu sprechen? Ist es hilfreich im Hinblick auf jegliche Art von Entscheidungsfindung als Christ? Inwiefern könnte das Wesleyanische Viereck nicht hilfreich sein?

War Wesleys Bezugnahme auf die Erfahrung als religiöse Autorität eine notwendige Ergänzung zur anglikanischen Bekräftigung von Schrift, Tradition und Vernunft? Inwiefern ist „sola scriptura" hilfreich (oder nicht hilfreich), wenn es darum geht, wie Sie religiöse Autorität verstehen?

Hinweise

[1]Albert C. Outler, introduction, *Works* (Bicentennial ed.), 1:67. Cf. Albert C. Outler, "John Wesley: Folk Theologian," *Theology Today* 34, no. 2 (1977): 150- 60.

[2]Randy L. Maddox, "Responsible Grace: The Systematic Nature of Wesley's Theology Reconsidered," *Wesleyan Theological Journal* 19, no. 2 (1984): 7-22. Cf. H. Ray Dunning, "Systematic Theology in a Wesleyan Mode," *Wesleyan Theological Journal* 17, no. 1 (1982): 15-22; and the Wesleyan systematic theologies developed by Richard Watson, *Theological Institutes*, 2 vols. (New York: Lane & Scott, 1851); William B. Pope, *Compendium of Christian Theology*, 3 vols., 2nd ed. (N.p.: Phillips & Hunt, 1880); and H. Orton Wiley, *Christian Theology*, 3 vols. (Kansas City: Beacon Hill, 1940).

[3]Mildred Bangs Wynkoop, *A Theology of Love* (Kansas City: Beacon Hill, 1972), 11.

[4]Preface to the third edition, §6, *Works* (Jackson ed.), l:iv.

[5]"Principles of a Methodist," §13, *Works* (Jackson ed.), 8:365.

[6]Die Verwendung des Wesleyanischen Vierecks stellt eher ein analoges Modell als ein Replikat dar. Ein analoges Modell sollte nicht als präzise Darstellung realer Merkmale verstanden werden, die modelliert werden.

[7]Albert C. Outler, "The Wesleyan Quadrilateral in John Wesley," *Wesleyan Theological Journal* 20, no. 1 (1985): 11.

[8]Outler, "The Wesleyan Quadrilateral in John Wesley," 16.

KAPITEL 2
DER GEIST DER WESLEYS THEOLOGIE

John Wesley versuchte, die dynamische, vom Geist
erfüllte Realität des Lebens in Jesus Christus mit fundiertem
analytischem und kritischem Denken zu vereinen. In
Anlehnung an die Worte seines Bruders Charles versuchte
John, „das so lange getrennte Paar zu vereinen: Wissen und
lebendige Frömmigkeit, Gelehrsamkeit und Heiligkeit
vereint."[1] Leser verstehen Wesleys Theologie am besten
anhand von Kriterien, die der Absicht oder dem Geist seiner
Schriften entsprechen.

Mit seinem Anspruch, „einfachen Leuten die reine
Wahrheit zu sagen", wollte Wesley sich einfach als
„Bibelchrist" bezeichnen.[2] Schon während seiner Studienzeit
in Oxford rühmte sich Wesley damit, sich selbst als *homo unius
libri zu bezeichnen* – „einen Mann eines Buches".[3] Indem er sich
auf „das Gesetz und das Zeugnis" berief, behauptete Wesley:
„Dies ist die allgemeine Methode, um zu erkennen, was ‚der
heilige und wohlgefällige Wille Gottes' ist."[4] Doch in all
seinen Schriften berief er sich auf mehr als nur die Heilige
Schrift; Wesleys Ansatz ist komplexer.

Obwohl Wesley sich eher auf praktische,
soteriologische Aspekte des christlichen Lebens
konzentrierte, schrieb er mit der Absicht, methodisch oder
zumindest konsequent zu sein. Als er 1777 über christliche
Vollkommenheit sprach, behauptete er, er habe mit Reinheit
und Einfachheit der Absicht geschrieben und seine Ansichten
hätten sich seit über 38 Jahren nicht wesentlich geändert.

Integration von Schrift, Tradition, Vernunft und Erfahrung

Umphrey Lee bemerkt, dass die meisten Wesley-Forscher „zu leichtfertig annahmen, Wesley habe lediglich die orthodoxe Theologie und den Buchstaben der Bibel als christliche Unfehlbarkeiten wiederhergestellt oder die christliche Erfahrung zur höchsten Autorität erhoben."[5] Lee hält die Angelegenheit für komplexer, weil Wesley erkannte, „wie unmöglich es ist, die vielfältigen Tatsachen der menschlichen Erfahrung in eine der theologischen Formen zu pressen, die ihm zur Verfügung standen."[6]

Lees Beobachtung führt uns zum Viereck, das in diesem Buch als Paradigma oder Modell dient, um Wesleys theologische Methode und seinen Umgang mit religiösen Autoritäten zu untersuchen, insbesondere die Beziehung zwischen Schrift, Tradition, Vernunft und Erfahrung. Das Modell erweist sich als hilfreich, um die vier Autoritäten zu unterscheiden, auf die sich Wesley in seinem theologischen Ansatz in unterschiedlichem Maße berief.

In der Praxis hat der Begriff „Viereck" Wesleys Verständnis von theologischer Methode und religiöser Autorität manchmal verzerrt. Der Begriff selbst suggeriert eine geometrische Gleichheit oder Homogenisierung der vier Elemente. Obwohl die Präger des Begriffs keine geometrische Konzeption beabsichtigten, führte er allzu oft zu der Annahme, alle Teile des Wesleyanischen Vierecks seien in der Theologie gleichwertig oder gleichwertig. Im schlimmsten Fall führte er zu einer Art Abstimmung zwischen den vier Autoritätsquellen, bei der zwei oder mehr sich gegenseitig überstimmen und so möglicherweise die primäre Autorität der Heiligen Schrift in Frage stellen.

Natürlich hatte Wesley dies nie beabsichtigt. Für ihn war die Heilige Schrift stets die höchste religiöse Autorität. Er glaubte, dass Tradition, mit entsprechendem Urteilsvermögen, die Wahrheit der Heiligen Schrift

14

bekräftigt, ebenso wie Vernunft und Erfahrung. Wenn man darauf besteht, eine geometrische Figur als Paradigma für Wesley zu wählen, wäre ein Tetraeder – eine vierflächige Pyramide – passender als ein gleichseitiges Quadrat. Die Heilige Schrift diente als primäres Fundament der Pyramide, wobei die drei Seiten Tradition, Vernunft und Erfahrung als ergänzende, aber nicht primäre religiöse Autoritäten bezeichnet wurden.

Eine der kreativeren Erklärungen des Wesleyanischen Vierecks findet sich in den Schriften von Richard Lovelace. Lovelace, ein Presbyterianer, argumentiert, dass Wesley, wie die kontinentalen Reformatoren, die vier Quellen der Wahrheit, die die Qualität unseres Glaubens prägen, im Gleichgewicht hielt. Er sagte:

Es ist hilfreich, unsere aktuelle Situation anhand des sogenannten „Wesleyanischen Vierecks" zu analysieren ...

Stellen Sie sich ein Baseballfeld vor. Die Home Plate ist die Heilige Schrift. Die erste Base ist Tradition. Die zweite Base ist Vernunft und die dritte Base ist Erfahrung... sie auch führt, und zwar mit den behutsamen Korrekturen des traditionellen Wissens, der Vernunft und der Erfahrung, wie sie die Reformatoren und John Wesley an den Tag legten.[7]

Vermutlich muss man die theologische Reflexion mit der Home Plate – der Heiligen Schrift – beginnen. Doch um sozusagen „einen Punkt zu erzielen", muss man die Grundlagen von Tradition, Vernunft und Erfahrung durchqueren (d. h. analysieren, kontextualisieren, synthetisieren), bevor man zur Heiligen Schrift zurückkehrt – dem Ausgangspunkt und Ziel der theologischen Reflexion.

Jedes Modell bricht jedoch irgendwann zusammen, wenn es um solche Fragen geht. Man könnte die Pyramide leicht auf den Kopf stellen und die Autorität der Heiligen Schrift schmälern oder sie auf eine Seite drehen, auf der Vernunft oder Erfahrung als Grundlage dienen. Ebenso könnte Lovelaces Baseball-Diamond-Paradigma verzerrt werden. Wichtig ist, sich an den Primat zu erinnern, den Wesley der Heiligen Schrift einräumte; andere religiöse Autoritäten ergänzten sie, übertrafen sie aber nie. Wesley konnte all dies glauben, weil er nie erwartete, dass Tradition, Vernunft oder Erfahrung die Heilige Schrift in irgendeiner substanziellen Weise widerlegen würden. Um das Wesleyanische Viereck in Bezug auf Wesley und seinen Vorläufer in der anglikanischen Theologie zu verstehen, müssen wir es daher historisch und theologisch und nicht geometrisch begreifen. Trotz der Versuchung, anders zu handeln, müssen wir das Wesleyanische Viereck metaphorisch und dynamisch begreifen, statt wörtlich und statisch.

Versuche, ein geometrisches Modell oder eine Analogie für Wesleys Umgang mit Heiliger Schrift, Tradition, Vernunft und Erfahrung zu entwickeln, widersprechen seinem theologischen Ansatz. Wesley verfolgte einen eher organischen, kontextuellen und praktischen Ansatz. Die Heilige Schrift blieb zwar in ihrer religiösen Autorität primär, doch erwartete Wesley, dass zumindest Vernunft und Erfahrung die Wahrheiten der Heiligen Schrift ohne weiteres stützen und erhellen würden. Es bestand keine Notwendigkeit, eine präzise hierarchische Beziehung zwischen den verschiedenen Autoritätsquellen zu formulieren, da Wesley nicht erwartete, dass sie sich gegenseitig widersprechen und schaden würden.

Wenn ich das Viereck veranschaulichen möchte, würde eine organische Analogie den kontextuellen, integrativen Charakter von Wesleys theologischer Methode besser vermitteln.[8] Vielleicht würde eine Analogie des menschlichen Körpers genügen. Wie Paulus' Beschreibung der Kirche als „Leib Christi".[9] Schrift, Tradition, Vernunft und Erfahrung funktionieren als organisches Ganzes, das wechselseitig und dynamisch miteinander interagiert. Die Schrift kann als Haupt dienen, oder wir können von Jesus

Christus als dem Haupt und der Schrift als Gottes besonderer Offenbarung sprechen. Aber wir sollten nicht von einem einzelnen Teil des Körpers ohne die anderen sprechen: Schrift, Tradition, Vernunft und Erfahrung. Die verschiedenen Teile sind voneinander abhängig, um ein gesundes und produktives Leben zu führen – für ein christliches Leben ebenso wie für theologische Reflexion.

Praktischer Charakter von Wesleys Theologie
In Wesleys Schriften finden wir ein fortwährendes Interesse daran, sowohl die spirituellen Bedürfnisse der Menschen als auch ihre praktischen persönlichen und sozialen Bedürfnisse zu erfüllen. Im Hinblick auf die spirituellen Bedürfnisse bemühte sich Wesley, die Botschaft des Evangeliums zu verkünden und die Gläubigen spirituell zu fördern. Er erlebte, dass die Menschen umfassende spirituelle Bedürfnisse hatten. Er erkannte auch, dass die Menschen umfassende praktische Bedürfnisse hatten, die alle Aspekte des persönlichen und sozialen Lebens betrafen; Wesley bemühte sich, diese Bedürfnisse mit Mitgefühl und Fürsprache zu erfüllen.

Ein persönlicher Rahmen der Theologie.
Wie wir gesehen haben, legte Wesley großen Wert darauf, dass Christen nicht einer rein formalen, scholastischen Religion verfallen. Die Theologie sollte die lebendige Inspiration und Führung der Gläubigen durch den Heiligen Geist – individuell und kollektiv – fördern, statt sie zu behindern. Daher interpretierte Wesley die Heilige Schrift im Rahmen des Persönlichen. Das heißt, ihm ging es um den Einzelnen, seine Beziehung zu Gott und sein heiliges, von Liebe motiviertes Leben. Wahre Religion sollte niemals nur formal oder äußerlich sein.
Der wichtigste Bestandteil von Wesleys personalisierter, partizipatorischer Konzeption der

Herzensreligion ist seine Betonung der Liebe – der göttlichen Liebe im menschlichen Herzen, die sich in der Liebe zu Gott und zum Nächsten manifestiert. Wesley hielt diese Betonung der Liebe für „den vortrefflicheren Weg", eine Wiederbelebung der Liebesbekundungen Jesu Christi und des Urchristentums.[10] Er glaubte, die römisch-katholische Kirche sei unter dem Einfluss des Papstes zu scholastisch und habe „eine natürliche Tendenz, die Liebe zu Gott ... [und] die Liebe zu unserem Nächsten zu behindern, wenn nicht gar völlig zu zerstören".[11] Darüber hinaus hat die protestantische Reformation, insbesondere unter dem Einfluss von Calvins Prädestinationslehre, die zentrale Bedeutung der Liebe heruntergespielt, indem sie großen Wert auf eine deterministisch orientierte (und nicht auf die Liebe orientierte) Auffassung von Gottes Souveränität, Vorsehung und Erwählung legte. Mildred Bangs Wynkoop lehnt diese Ansätze zur Religion als formalistisch und damit im Widerspruch zur Idee der Liebe als zentrale Botschaft des Evangeliums ab und stellt fest, dass Wesley die Liebe „als einen einigenden Faktor in der Theologie und einen humanisierenden Faktor im Leben" befürwortete.[12]

Fähigkeiten in Organisation und Disziplin.
Wesley brachte in seine persönlichen, theologischen und kirchlichen Bemühungen enorme Energie und organisatorische Fähigkeiten ein, um religiöse Disziplin zu etablieren. Manche betrachten Wesleys organisatorische Fähigkeiten und seine religiöse Disziplin als seine größten Beiträge zur christlichen Kirche, besonders im Hinblick auf die Entwicklung von Netzwerken für Treffen in kleinen Gruppen. Colin Williams bezeichnet solche Gruppen als *„ecclesiolae in ecclesia,* kleine freiwillige Gruppen von Gläubigen, die unter dem Wort Gottes leben und ein Leben in Disziplin suchen".[13] Diese Treffen sollten sowohl Gläubigen helfen, die sich mehr christliche Erziehung wünschten, als

ihnen der sonntägliche Kirchgang bot, als auch die Kirche selbst erneuern. Obwohl die von Wesley gesetzten privaten und öffentlichen Maßstäbe oft streng waren, erreichten sie im Allgemeinen ihren Zweck, echtes religiöses Wachstum bei Einzelnen, in der Gemeinde und in der Seelsorge für Menschen außerhalb der Kirche zu fördern.

So wie Wesley methodisch ein heiliges Leben förderte, so war er auch methodisch in seinem theologischen Verständnis und seinen Schriften. Er war der Hauptarchitekt der methodistischen Bewegung. Der Methodismus wurde durch umfangreiche Veröffentlichungen von Wesleys Predigten, Konferenzprotokollen, Tagebüchern und anderen Abhandlungen gestärkt, die den Methodismus und seine kirchlichen Ableger über Jahrhunderte hinweg stützten.

Zeitgenössischer Ausdruck von Überzeugungen.
Wesley bemühte sich, so zu predigen und zu lehren, dass es für die breite Masse leicht verständlich war. Im Vorwort zu „Predigten bei verschiedenen Gelegenheiten" machte er deutlich, dass er die Wahrheit für die breite Masse klar und deutlich aussprechen wollte, d. h. auf eine Weise, die jeder verstehen konnte. Wesley sagte:

> Ich schreibe nun (wie ich es im Allgemeinen tue) *ad populum* – an die breite Masse der Menschheit – an diejenigen, die die Kunst des Sprechens weder genießen noch verstehen, aber dennoch kompetente Richter über die Wahrheiten sind, die für gegenwärtiges und zukünftiges Glück notwendig sind. Ich erwähne dies, damit neugierige Leser sich die Mühe ersparen, nach etwas zu suchen, das sie nicht finden werden.[14]

Obwohl Wesley versuchte, einfache Begriffe zu verwenden, sprach er nicht vereinfachend, und er war sich auch der Komplexität der Welt nicht unbewusst. Im Gegenteil, er las unersättlich und ermutigte seine methodistischen Assistenten, dasselbe zu tun, damit sie das Evangelium besser vermitteln konnten.

Wesley gab die fünfzigbändige „Christliche Bibliothek" heraus, um das Wissen des Durchschnittschristen zu erweitern, insbesondere in Fragen der praktischen Theologie. Diese Bemühungen Wesleys verdeutlichen seine Absicht, eine breite Gesellschaft anzusprechen, die mit den Grundideen des christlichen Glaubens und der christlichen Praxis nicht unbedingt vertraut ist. Wesley bewegte sich problemlos unter den verschiedensten Menschen, kommunizierte effektiv mit ihnen und kümmerte sich um ihre Bedürfnisse.

Ganzheitliche und soziale Anliegen.
Wesleys Schriften sind geprägt von dem Bemühen, sowohl spirituelle als auch praktische Bedürfnisse zu erfüllen. In spiritueller Hinsicht versuchte Wesley, die Botschaft des Evangeliums zu verkünden und die Gläubigen zu fördern. Um dies zu erreichen, war er bereit, die Erfahrungen bei der Entscheidung für eine Vorgehensweise zu berücksichtigen, selbst wenn diese in der Heiligen Schrift oder der kirchlichen Tradition nicht ausdrücklich begründet waren. Wesleys theologische Methode beeinflusste seine Anwendung im Leben, und sein Bewusstsein für diese Anwendungs-möglichkeiten (oder damit verbundene Erfahrungen) beeinflusste umgekehrt seine Theologie. So war er bereit, mit unkonventionellen Praktiken wie Predigten im Freien, ausgedehnten Treffen in kleinen Gruppen unter der Woche, der Berufung von Laienpredigern und der Erlaubnis für Frauen, sowohl Männern als auch Frauen als Laienpredigerinnen zu dienen, zu experimentieren.

Wesleys Sorge um die Menschen ging über ihr seelisches Wohlergehen hinaus. Er war zu seiner Zeit führend bei der Linderung der sozialen Missstände im England des 18. Jahrhunderts. Er tat dies durch Mitgefühl und sein Eintreten für die Menschen. Seine Sorge um die Seelen galt dem ganzen

Menschen, insbesondere den Armen, Ungebildeten, Kranken und Enteigneten – zum Beispiel Sklaven und Gefangenen.

Den Armen wurde besondere Aufmerksamkeit geschenkt.
Ihnen galt Wesleys vorrangige missionarische Fürsorge und sein soziales Engagement. So leistete er beispielsweise medizinische Grundversorgung und verfasste einfache medizinische Handbücher für Menschen, die sich keine professionelle Hilfe leisten konnten. Er gründete das sogenannte „Armenhaus" für Menschen wie Witwen, die nicht für sich selbst sorgen konnten. Außerdem gründete er ein Waisenhaus.[15] Er widmete sich der Ausbildung von Menschen, die sich keine Ausbildung leisten konnten, beispielsweise an der Kingswood School. Außerdem richtete er einen wohltätigen Darlehensfonds für Menschen mit unmittelbarem finanziellen Bedarf ein. Einzige Bedingung war, dass sie den Kredit innerhalb von drei Monaten zurückzahlen mussten.

Wesley predigte, was er praktizierte.
Viele Predigten sollten den Methodisten den Umgang mit ihrem Geld beibringen, sowohl um die Arbeit des Ministeriums zu unterstützen als auch um die Bedürfnisse der Armen zu erfüllen. Seine bekannteste Predigt zum Thema Geld trägt den Titel „Der Gebrauch des Geldes". Darin ermahnte Wesley Christen, so viel wie möglich zu gewinnen, so viel wie möglich zu sparen und so viel wie möglich zu geben.[16] Wesley entdeckte bald, dass seine methodistischen Anhänger die ersten beiden Prinzipien gut beherrschten, aber das dritte Prinzip gegen die Anhäufung von Überfluss ignorierten, die er als Hauptsünde christlicher Praxis betrachtete. Er war so besorgt über den Missbrauch von Geld und die damit verbundene Ungerechtigkeit gegenüber den Armen, dass er mehrere Predigten veröffentlichte, in denen er ausdrücklich vor der spirituellen Gefahr (für den Horter) und

der sozialen Gefahr (für den potenziellen Empfänger) warnte, die sich aus einer ungerechten Verteilung des Reichtums ergibt. Outler erkennt treffend, dass Wesleys Predigten waren:

> in klarem Gegensatz zu der von den Puritanern vertretenen, aber von anderen gebilligten Vorstellung, dass ehrlich erworbener Reichtum ein Zeichen und Maßstab göttlicher Gunst sei. Interessant ist, dass Wesleys ökonomischer Radikalismus in diesem Punkt nicht nur von den meisten Methodisten, sondern auch von Wirtschaftshistorikern ignoriert wurde.[17]

Manche mögen Wesleys Predigten und Lehren zur sozialen Verantwortung so einschätzen, als ob sie sich auf die Transformation der Gesellschaft durch die spirituelle Erneuerung des Einzelnen konzentrierten, statt auf deren sozialen oder institutionellen Wandel. Wesley lebte in einer Zeit, in der das soziale Bewusstsein der damaligen Christen noch unterentwickelt war, und daher dürfen wir von ihm nicht die Art von theologischer Sensibilität und Praxis erwarten, die sich heute christliche Aktivisten wünschen. Doch mit seinem sozialen und wirtschaftlichen Engagement legte Wesley den konzeptionellen Rahmen für das spätere politische Engagement von Methodisten und Vertretern der Heiligungsbewegung, beispielsweise der Heilsarmee. Vivian Green schreibt, dass Wesleys „religiöser Radikalismus als Geburtshelfer politischer Reformen gewirkt" habe.[18] Williams findet in Wesleys abolitionistischer Unterstützung von William Wilberforce den Glauben, „dass Gott Zeiten (*kairoi*) bestimmt, in denen der vollständige Gehorsam seiner Anhänger und der von ihm ernannten Führer erforderlich ist."[19]

Wesley sah voraus, dass Christen mehr tun müssen, als nur Mitgefühl für die Armen zu zeigen. Sie müssen sich auch für die Beseitigung der Ursachen von Verarmung und Ungerechtigkeit einsetzen, damit ungerechte soziale und institutionelle Praktiken die Menschen nicht weiterhin individuell und kollektiv unterdrücken.

Diskussionsfragen

Wie wichtig ist es für Christen, in ihrer Theologie konsequent zu sein? Inwiefern kann eine systematische Theologie bei der Beschreibung des Christentums hilfreich (oder auch nicht) sein?

Wie verstehen Sie die Beziehung zwischen Heiliger Schrift, Tradition, Vernunft und Erfahrung? Können Sie sich ein Bild (Diagramm, Bild) vorstellen, das Ihnen hilft, deren Wechselwirkung zu verstehen? Inwiefern sind Bilder hilfreich (oder nicht hilfreich) bei der Beschreibung des eigenen theologischen Ansatzes?

Wie wichtig ist es, sich auf die erfahrungsbezogene (oder experimentelle) Dimension des Christentums zu konzentrieren? Inwieweit ist das Christsein eher eine Entdeckungsreise als eine Sammlung theologischer Lehren?

Wie wichtig sind christliche Gruppen, um Einzelnen zu helfen, Christ zu sein? Wie wichtig ist beispielsweise der regelmäßige Besuch der Kirche? Wie wichtig ist die Teilnahme an kleinen Verantwortungsgruppen für die christliche Jüngerschaft?

Warum müssen Christen darauf achten, wie sie ihren Glauben, ihre Werte und ihre Lebensweise kommunizieren? Wie kann das Christentum heute effektiver an Familie, Freunde und Nachbarn vermittelt werden – sowohl lokal als auch weltweit?

Wie wichtig ist es für Christen, Mitgefühl für Menschen zu zeigen, die arm oder sozial benachteiligt sind? Wie wichtig ist es für Christen, sich für die Interessen derjenigen einzusetzen, die zu Unrecht ausgegrenzt, diskriminiert und verfolgt werden?

Hinweise

[1]Charles Wesley, "A Collection of Hymns for the use of the People called Methodists, 1780," Hymn 461, 1.5, *Works* (Oxford ed.), 7:644.

[2]Preface, §3, "Sermons on Several Occasions," *Works* (Bicentennial ed.), 1:104, and "On God's Vineyard" (1787, sermon 107), I.1, *Works* (Bicentennial ed.), 3:504.

[3]Preface, §5, "Sermons on Several Occasions," *Works* (Bicentennial ed.), 1:105. Cf. "On God's Vineyard" (1787, sermon 107), 1.1, *Works* (Bicentennial ed.), 3:504, and "A Plain Account of Christian Perfection," §S, *Works* (Jackson ed.), 11:367.

[4]"The Nature of Enthusiasm" (1750, sermon 37), §22, *Works* (Bicentennial ed.), 2:54.

[5]Umphrey Lee, *John Wesley and Modern Religion* (Nashville: Cokesbury, 1936), 143.

[6]Lee, *John Wesley and Modern Religion*, 143.

[7]Richard Lovelace, "Recovering Our Balance,' *Charisma* (August 1987): 80.

[8]An dieser Stelle erlaube ich mir einen Exkurs und stelle ein organisches Modell für das Wesleyanische Viereck vor. Dieses Unterfangen sollte nicht als historischer Versuch verstanden werden, Wesleys theologische Methode zu erklären. Betrachten Sie es vielmehr als eine Übung in freier Assoziation im Hinblick auf Wesleys Umgang mit Heiliger Schrift, Tradition, Vernunft und Erfahrung.

In der Predigt „Was ist der Mensch? Psalm 8,4" sprach Wesley vom Menschen in Bezug auf (1) den Körper, der einem aus verschiedenen Elementen zusammengesetzten Mechanismus gleicht, (2) die Seele, die denken und fühlen kann, (3) die Freiheit, die unsere besondere Fähigkeit zur Entscheidung darstellt, und (4) das Lebensziel – das, was uns am meisten am Herzen liegt, zu wissen und tief zu erwägen.

Siehe "What Is Man? Psalm 8:4" (1788, sermon 116), *Works* (Bicentennial ed.), 4:20–27.

Man kann sich vorstellen, dass der Körper analog zur Erfahrung ist, da er aus verschiedenen wahrnehmbaren Elementen besteht. Die Seele ist analog zur Vernunft, die weder die Bewegungen noch das Ende des Körpers vollständig begreifen kann. Die Freiheit ist analog zur Tradition, da Tradition bewusst über die Geschichte von Seele und Körper, individuell und kollektiv, nachdenkt. Das Ende oder Ziel des Lebens ist analog zur Heiligen Schrift, da nur die Heilige Schrift uns von unserem einzigen Ziel erzählt: uns auf die Ewigkeit vorzubereiten, die unter den Gläubigen hier und jetzt bereits begonnen hat. Natürlich glaubte Wesley, dass die wahre Aufgabe der Theologie vom „Allmächtigen Geist" angetrieben wird, der ultimativen Quelle aller Bewegungen, Gedanken, Gefühle und Entscheidungen im Universum.

Zusammengenommen könnten Körper, Seele, Freiheit und das Ende der Menschheit als organische Analogie (anstelle der historischen Analogie einer Festung oder einer modernen mathematischen Analogie) für das Zusammenspiel von Schrift, Tradition, Vernunft und Erfahrung dienen. Die Analogie eines Körpers ist ganzheitlicher, interaktiver und interdependenter. Sie vermeidet den statischen Charakter anderer Analogien einer Festung oder geometrischer Bilder (z. B. Quadrate, Trapeze, Pyramiden, konzentrische Kreise usw.).

Bedenken Sie, dass dieser organische Versuch, das Wesleyanische Viereck zu beschreiben, lediglich als eine Übung zur Theoriebildung und Anwendung der kontextuellen Beziehung zwischen Schrift, Tradition, Vernunft und Erfahrung verstanden werden soll. Organische Analogien sind jedoch dynamischer (integrativer, interdependenter) als statische Analogien, die beispielsweise in der Geschichte, Mathematik oder anderen Darstellungen des Wesleyanischen Vierecks zu finden sind, die man beispielsweise im Internet finden kann.

[9]Siehe Römer 12:4–5; 1. Korinther 12:12–31 und Epheser 4:14–16.

[10] Outler bemerkt, Wesley stimme mit Wilhelm von St. Thierry darin überein, dass Liebe der sicherste Weg zur Wahrheit und das höchste Ziel des Denkens sei. Siehe Outlers einführenden Kommentar zu "Catholic Spirit" (1759, sermon 39), *Works* (Bicentennial ed.), 2:79.

[11]"Popery Calmly Considered," IV.10, *Works* (Jackson ed.), 10:155–56.

[12]Mildred Bangs Wynkoop, *A Theology of Love* (Kansas City: Beacon Hill, 1972), 19.

[13]Colin Williams, *John Wesley's Theology Today* (New York: Abingdon, 1960), 149.

[14]Preface, §2, "Sermons on Several Occasions," *Works* (Bicentennial ed.), 1:103–4.

[15]See "A Plain Account of the People Called Methodists," XIII–XIV, *Works* (Jackson ed.), 8:265–6.

[16]See "The Use of Money" (1760, sermon 50), *Works* (Bicentennial ed.), 2:263–80.

[17]See Outler, introductory comment, "The Danger of Riches" (1781, sermon 87), *Works* (Bicentennial ed.), 3:228.

[18]Vivian H. H. Green, *John Wesley* (London: Nelson, 1964), 158.

[19]Williams, *John Wesley's Theology Today*, 197n13.

KAPITEL 3
WESLEYS THEOLOGISCHE METHODE

Der Begriff Methode leitet sich vom griechischen Wort *methodos* (*meta,* „nach" und *hodos,* „Weg" oder „Art") ab. Eine Methode ist ein Verfahren oder Prinzip, das in einer organisierten Disziplin oder bei der Organisation einer solchen verwendet wird. Das Studium der Methoden oder die Methodologie (*methodologie* plus *logos,* „das Studium von") beschreibt, wie wir Wissen über etwas erlangen. In der Philosophie wird Methodologie „sowohl auf den Prozess oder die Kunst der Untersuchung als auch auf die Abhandlung oder den Wissensbestand angewendet, der aus der Untersuchung resultiert."[1] In der Theologie bezieht sich Methodologie auf „die Erforschung der Bedingungen, unter denen theologische Behauptungen wahr sein können", und in einem allgemeineren Sinne „bezieht sie sich auf eine Reihe von Entscheidungen, die jeder christliche Theologe im Laufe seiner theologischen Tätigkeit treffen muss."[2]

Die meisten Menschen folgen bestimmten regelmäßigen oder methodischen Schritten, wenn sie über ihren Glauben nachdenken und ihn artikulieren. Wir denken jedoch normalerweise nicht über diese Schritte nach. Wir sind eher damit beschäftigt, Lösungen für unmittelbare Probleme zu finden. Wenn wir jedoch darüber nachdenken, wie wir tatsächlich zu einer bestimmten Lösung gelangen, stellen wir die Frage nach der Methode. JJ Mueller sagt: „Die Methode reflektiert dann das Nachdenken."[3] Alle Christen – nicht nur die ausgebildeten Theologen – reflektieren ihren Glauben methodisch, wenn auch jeder dies mit unterschiedlichem Grad an Selbsterkenntnis und logischer Präzision tut. Die Aufgabe der theologischen Methode oder Methodologie besteht darin, die Schritte explizit zu machen, sie zu bewerten und so zu formulieren, dass der christliche Glaube so vernünftig und überzeugend wie möglich erscheint.

Um die methodistische Erweckung zu fördern, hielt Wesley es für unerlässlich, die christliche Botschaft der Erlösung und des heiligen Lebens auf diese Weise zu präsentieren. Dies umfasste sowohl praktische als auch theologische Methoden, wobei Wesley sich expliziter mit ersteren als mit letzteren befasste. Der Name „Methodist" bezieht sich nicht auf die theologische Methode, sondern auf die praktischen Methoden – die Organisation kleiner Gruppen und die Förderung spiritueller Selbstdisziplin –, die Wesley und seine Kollegen in Bezug auf Evangelisation und spirituelle Bildung anwendeten.[4]

Wesley behauptete, seine wichtigsten theologischen Lehren im Laufe seines Lebens und Wirkens konsequent dargelegt zu haben. Diese Behauptung setzt einen selbstbewussten Ansatz bei der Formulierung theologischer Lehren voraus. Obwohl Wesley seine theologische Methode möglicherweise nicht vollständig dargelegt hat, stellen wir die Methodenfrage und denken darüber nach, wie er die theologischen Antworten auf seine unmittelbaren Probleme fand. Zunächst müssen wir jedoch die historische Entwicklung der theologischen Methode verstehen und wie dieser Prozess Wesley Quellen für die Entwicklung seines eigenen Ansatzes lieferte.

Ein Überblick über theologische Methoden

Beginnen wir mit einem kurzen Blick auf die historische Entwicklung der theologischen Methode und wie dieser Prozess Wesley die intellektuellen Werkzeuge für die Entwicklung seines eigenen Ansatzes lieferte. Die Entwicklung der christlichen theologischen Methode nachzuvollziehen ist nicht einfach, und jeder Versuch einer Zusammenfassung birgt die Gefahr einer Vereinfachung oder einer falschen Darstellung einzelner Theologen oder theologischer Traditionen. Dennoch ist ein solcher Versuch notwendig, um Wesley in einen angemessenen historischen und kulturellen Kontext einzuordnen und seine Quellen zu bestimmen.

In dieser Übersicht werden wir uns stärker mit Entwicklungen befassen, die näher an Wesleys Zeit liegen als mit antikem Denken, und wir werden uns stärker mit Fragen religiöser Autorität als mit Fragen der Bibelauslegung befassen. Interpretationsprinzipien sind wichtig für das Verständnis Wesleys, aber hier beschränken wir uns auf das allgemeinere Verständnis davon, wie Theologen oder theologische Traditionen religiöse Autorität betrachteten und sie bei der Reflexion und Formulierung theologischer Texte nutzten.

Frühe Kirche bis zum Mittelalter

Die frühe Kirche entwickelte allmählich theologische Positionen als Reaktion auf konzeptionelle Herausforderungen durch Heidentum, Häresien und andere doktrinäre Bedrohungen innerhalb der Kirche. Einzelne Christen reagierten zunächst mit apologetischen Schriften auf diese Herausforderungen. Die christlichen Apologeten, die in der frühen Kirche die größte Akzeptanz fanden, bekräftigten die Autorität sowohl der Heiligen Schrift als auch der Kirche (und ihrer Führer), den Glauben zu verteidigen.

Die ersten ökumenischen Konzile wurden einberufen, um Fragen zu Lehren zu erörtern, die für die Stabilität der Kirche von unmittelbarer Bedeutung waren. Selbst damals entstanden die Versuche einer philosophischen und theologischen Systematisierung nicht plötzlich. Nach der Etablierung des Schriftkanons bildete die Schrift allmählich die materielle Grundlage für die Etablierung der Kirchenlehre, und die patristische Exegese unterwarf sich der Schrift. Die Kirche, ihre Führer und die ökumenischen

Konzile fungierten jedoch weiterhin als Hüter und maßgebliche Ausleger der Schrift. Das Konzil von Chalcedon beispielsweise bekräftigte eindeutig „den unfehlbaren Glauben der Väter", indem es den katholischen, apostolischen Glauben in Glaubensbekenntnissen und anderen Konzilserklärungen darlegte. [5]

Die Verbindung von biblischer und kirchlicher Autorität erwies sich im ersten Jahrtausend des Christentums als wirksam, um den Lehrbedarf zu decken, und blieb auch nach dem Großen Schisma zwischen Ost- und Westchristentum im 11. Jahrhundert methodisch wichtig für die Theologie. Sowohl die orthodoxe als auch die römisch-katholische Kirche bekräftigten den theologischen Ansatz der alten christlichen Glaubensbekenntnisse.

Die protestantische Reformation

Die protestantische Reformation, insbesondere unter Martin Luther, reagierte auf den Missbrauch kirchlicher Autorität in der römisch-katholischen Kirche. Luther wandte eine im Wesentlichen kohärente theologische Methode an, die auf *sola scriptura basierte,* um den kirchlichen Missbräuchen entgegenzuwirken. Er erklärte:

> Hierin folge ich dem Beispiel des heiligen Augustinus, der unter anderem der erste und fast einzige war, der beschloss, allein der Heiligen Schrift unterworfen zu sein und unabhängig von den Büchern aller Kirchenväter und Heiligen zu sein. [6]

Die Heilige Schrift wurde als die einzig ausreichende und von Gott inspirierte Regel des Glaubens und der Praxis angesehen. Die kirchliche Tradition wurde nicht länger als verlässliche Autorität angesehen, sondern vielmehr als eine Art Untergrabung der besonderen Offenbarung der Heiligen Schrift.

Johannes Calvin stützte die theologische Grundlage der *Sola Scriptura,* indem er ein theologisches System konstruierte, das auf der transzendenten Herrlichkeit und

Souveränität Gottes basierte. In diesem Sinne unterschied sich Calvin von Luther, der nicht versuchte, den christlichen Glauben als konzeptionell rationales und systematisches Ganzes darzustellen. Calvin sah die Reformation auch nicht als völligen Widerspruch zu den „alten Schriftstellern eines besseren Zeitalters der Kirche",[7] betonte aber dennoch die alleinige Autorität der Heiligen Schrift. Trotz des Misstrauens der Reformatoren gegenüber der römisch-katholischen Kirche und des Vernunftgebrauchs der katholischen Scholastiker bewahrte die protestantische Theologie viele Prinzipien theologischer Auslegung aus der katholischen Scholastik.

Die englische Reformation

Die protestantische Reformation in England verfolgte einen deutlich anderen theologischen Ansatz als die kontinentalen Reformatoren oder die römisch-katholische Kirche. Die Church of England stieß bei der Entscheidung, welche theologischen Traditionen und religiösen Autoritäten sich durchsetzen sollten, auf religiöse Kontroversen. Unter der Führung von Thomas Cranmer, John Jewel, Richard Hooker und anderen konstruierte die anglikanische Kirche bewusst eine theologische Brücke zwischen Protestantismus und Katholizismus. Trotz Ähnlichkeiten mit den kontinentalen Reformatoren widersetzten sich die frühen anglikanischen Geistlichen den calvinistischen Versuchen, der Church of England einen ausgrenzenden Ansatz in Bezug auf die Autorität der Heiligen Schrift sowie eine presbyterianische Staatsform aufzuzwingen.

Indem sie diesen Mittelweg durch das 17. Jahrhundert verfolgten, verstanden sich die Anglikaner teilweise als ökumenische Kraft in der christlichen Welt, die unterschiedliche theologische Ansätze vereinte. Was die Anglikaner an der theologischen Methode des kontinentalen Protestantismus als unzureichend empfanden, war dessen enge Herangehensweise an das Prinzip *„sola scriptura".* Sie lehnten jeglichen biblischen Autoritarismus ab, der durch eine ausgrenzende und wörtliche Hermeneutik gefördert würde. Hooker griff das römisch-katholische Erbe der anglikanischen Tradition auf, indem er argumentierte, das Universum sei durch rationale Prinzipien geordnet, die mit der Vernunft ohne Hilfe der Heiligen Schrift erkannt werden könnten. Hooker verstand die Vernunft also als etwas, das ein gewisses Maß an Freiheit und Autorität bei der Erkenntnis der Wahrheit verleiht, was die Anglikaner als religiöse Autorität anerkannten.

So entwickelte sich im Anglikanismus ein methodischer Ansatz zur Theologie, der die besten Quellen der christlichen Lehre nutzte, sowohl die römisch-katholische als auch die protestantische Tradition. Dieser integrative Ansatz bekräftigte die religiöse Autorität der Vernunft sowie der Heiligen Schrift und der besten kirchlichen Tradition bei der Entscheidung theologischer Fragen.

Der Geist des Anglikanismus

Der anglikanische Versuch, einen Mittelweg zwischen historischen Ansätzen der christlichen Theologie zu finden, motivierte Theologen, sich auf die theologische Methode zu konzentrieren. Sie wollten sich von den doktrinären Zwängen anderer christlicher Traditionen und der theologischen und kirchlichen Desorganisation befreien, die zeitweise innerhalb der Church of England entstand. Aufgrund des wachsenden Interesses, die Komplexität theologischer Reflexion und Lehrformulierung zu artikulieren, verfassten Anglikaner zahlreiche Arbeiten zur theologischen Methode. Robert McAdoo betrachtet die theologische Methode daher als das prägendste Merkmal der anglikanischen Theologie des 17. Jahrhunderts. Er beschreibt diese Methodologie als „den Geist des Anglikanismus, der die zentrale Bedeutung der Heiligen Schrift sowie die Sichtbarkeit und Kontinuität der

Kirche einschließt, beides bestätigt durch die Antike und erhellt durch die Freiheit der Vernunft und die Liberalität des Standpunkts."[8]

Die Ablehnung systematischer Theologien durch die Anglikaner zeugt weder von intellektueller Unfähigkeit noch von einer unzureichend entwickelten theologischen Methode. Im Gegenteil, ihr methodischer Ansatz zeugte von Misstrauen gegenüber theologischen Systemen. McAdoo nennt dafür mehrere Ursachen, darunter die zunehmende Bedeutung der Vernunft. Obwohl die Autorität der Vernunft in der Religion unter Christen je nach Theologe variierte, führte der wachsende Respekt vor der Vernunft „zu einer konsequenten Reaktion gegen die Gleichsetzung von Glauben mit Gewissheit und zu einer ebenso konsequenten Reaktion gegen Systeme und Syllogismen."[9]

Paul More weist darauf hin, dass die anglikanische theologische Methode jegliche Endgültigkeit systematischer Inhalte ausschloss. Er sagt: „Was wir in der englischen Kirchenliteratur suchen müssen, ist weniger Endgültigkeit als vielmehr eine Richtung."[10] Theologische Interpretation und Anwendung scheinen für die anglikanische Theologie sicherlich entscheidender als systematische Formulierungen. Die methodologischen Leitprinzipien ermöglichten es der Kirche von England, den gewünschten Mittelweg einzuschlagen, enge Bibelauslegungen zu vermeiden und das Wesen der klassischen Orthodoxie widerzuspiegeln.

Die Rolle der Erfahrung

Obwohl Erfahrung in der frühen anglikanischen Methodologie keine so explizite Rolle spielte wie später in der Wesleyanischen, muss sie dennoch erwähnt werden, um den Kontext des Wesleyanischen Vierecks zu definieren. Trotz des Fehlens einer formalen Aussage wurde die Präsenz von Erfahrung in theologischer Reflexion und Formulierung in vielen Schriften des 16. und 17. Jahrhunderts stillschweigend vorausgesetzt.

Ein solcher Rückgriff auf die Erfahrung wurde von späteren anglikanischen Theologen nicht bestritten, da auch sie davon ausgingen, dass die Erfahrung christliche Wahrheiten, die durch die allgemein anerkannten Maßstäbe von Schrift, Tradition und Vernunft begründet wurden, bestätigen und konkretisieren sollte. Zwar war die Vernunft formal ein Neuling in der anglikanischen theologischen Methode, informell spielte die Erfahrung jedoch eine wichtige unterstützende Rolle. Im Jahrhundert vor Wesley wurde selbst die unterstützende Rolle der Erfahrung von Theologen kaum erwähnt; der Rückgriff auf die Erfahrung scheint in der praktischen Theologie der Andachts- und Predigtliteratur stärker verbreitet zu sein.

Das Aufkommen der experimentellen Philosophie Ende des 17. Jahrhunderts weckte ein Interesse an Sinnesdaten, jedoch nicht unbedingt an der Art von Erfahrung, die persönlicher und ausgesprochen religiöser Natur ist. John Locke hatte eine nach innen gerichtete Analyse des menschlichen Verstandes vorgenommen, die die nach außen gerichtete Analyse der Natur in den Naturwissenschaften ergänzte. Doch die meisten Anglikaner, einschließlich Locke, die die Vernunft als Quelle religiöser Autorität annahmen, wurden gegenüber individueller religiöser Erfahrung misstrauisch. „Enthusiasmus" war ein Vorwurf, der sich oft gegen diejenigen richtete, denen eine private Inspiration oder eine übertriebene religiöse Hingabe zugeschrieben wurde. Locke widmete der Definition von Enthusiasmus ein ganzes Kapitel, und diese Definition wurde schließlich im 18. Jahrhundert normativ.[11] Wesley wurde oft beschuldigt, ein Enthusiast zu sein, doch er lehnte diese Bezeichnung energisch ab, hauptsächlich mit der Begründung, seine Einschätzung des christlichen Glaubens sei mit der Heiligen Schrift, der Vernunft und dem Besten der christlichen Antike im Einklang.

Anglikanische Synthese

Seit Hookers Zeit versuchten Anglikaner, die Vernunft in ein ausgewogenes Verständnis theologischer Methode einzubeziehen, das der religiösen Autorität von Schrift und Tradition gebührenden Respekt zollte. Mit den Worten von Francis Paget: „Denn auf der gleichen Loyalität gegenüber den unwidersprüchlichen Rechten der Vernunft, der Schrift und der Tradition beruht die besondere Stärke und Hoffnung der englischen Kirche."[12]

Inmitten konkurrierender theologischer Strömungen erkannte der Anglikanismus größtenteils die Notwendigkeit, alle drei Komponenten zu respektieren. Die Autorität der Bibel blieb zentral, doch entwickelte sich ein neues Gefühl der Freiheit im Verständnis der Glaubenslehre. Die Vernunft brachte die Freiheit mit sich, das Studium der natürlichen Theologie, im Allgemeinen im Rahmen orthodoxer christlicher Glaubenssätze, auf eine Weise zu erneuern, die der kontinentale Protestantismus bisher abgelehnt hatte. Die Anglikaner wollten jedoch auch nicht in eine überarbeitete Form des römischen Katholizismus zurückfallen, die die natürliche Theologie überbetonte. Sie waren stolz darauf, eine theologische Alternative zu präsentieren oder über die Medien zu vermitteln.

Diese Synthese umfasste nicht nur den Vorrang der Autorität der Heiligen Schrift und die notwendige Rolle der Vernunft in der theologischen Methode, sondern auch die fortwährende Notwendigkeit, ein historisches, orthodoxes Verständnis christlicher Glaubenssätze zu bewahren. Verweise auf die christliche Antike sollten nicht willkürlich herangezogen werden, um ein vernünftiges Verständnis der Heiligen Schrift zu unterdrücken, sondern vielmehr dazu genutzt werden, zentrale Motive der Heiligen Schrift zu identifizieren und so die Katholizität dieser Glaubenssätze zu bekräftigen. Konsensuale Glaubensformulierungen der frühen Kirche sollten verstanden, wertgeschätzt und so genau wie möglich befolgt werden; Nebensächlichkeiten im christlichen Glauben, sowohl in der Antike als auch in der Gegenwart, sollten identifiziert und toleriert, aber nicht zur Orthodoxie verpflichtet werden. Die Antike musste ebenso berücksichtigt werden wie neue Erkenntnisse aus den aufkeimenden wissenschaftlichen Naturstudien und den Experimentalphilosophien.

Wenn die Vernunft frei war, das Studium der Heiligen Schrift und der Tradition zu ergänzen, dann war sie auch frei, neues Wissen aus anderen intellektuellen und wissenschaftlichen Disziplinen als der Theologie aufzunehmen, das christliche Glaubenssätze bestätigen und erhellen konnte. Es herrschte eine gewisse Spannung zwischen der Vernunft und den anderen Quellen religiöser Autorität, nämlich der Heiligen Schrift und der Tradition. Doch, wie McAdoo andeutet, war es eine gesunde, lebendige Spannung, die weder Autoritarismus noch unkontrollierte Freiheit akzeptierte. Er sagt:

> Ein allgemeines Merkmal der anglikanischen theologischen Methode ist diese Polarität oder Qualität lebendiger Spannung, die weitgehend erklärt, warum das Element der Vernunft im 17. Jahrhundert größtenteils nicht übergewichtet wurde, da es theologisch gesehen nie im Vakuum existierte, sondern in Verbindung mit anderen Elementen wie der Berufung auf die Heilige Schrift und die Antike wirkte.[13]

Wesleys erhebende Erfahrung

Wesleys Auftritt fand zu einer Zeit statt, als Fragen der theologischen Methode und der religiösen Autorität in England wichtige Diskussionsthemen waren. Trotz unvermeidlicher Unterschiede in den theologischen Schwerpunkten bekräftigten die Anglikaner im Allgemeinen ihre charakteristische dreigliedrige Methodik: Schrift, Tradition und Vernunft. Wesleys anglikanisches Umfeld und seine Ausbildung boten einen fruchtbaren Boden für theologische Reflexion und Weiterentwicklung.

Inmitten dieser Debatten versuchte Wesley, ein grundlegendes Verständnis des christlichen Glaubens zu fördern, insbesondere innerhalb der Church of England. Er hatte in seinem eigenen Leben eine spirituelle Erweckung erlebt; er bemühte sich, anderen die gleiche Chance zu geben. Maximin Piette bemerkt, dass Wesley durch eine Art persönliches Experiment mit spirituellem Wachstum und Selbstdisziplin tiefgreifend beeinflusst wurde.[14] Vielleicht könnten die Erkenntnisse, die sich aus seiner Erfahrung ergaben, auch anderen von Nutzen sein.

Piette betont Wesleys praktische Erfahrung und Experimentierfreude im Hinblick auf seine persönliche Spiritualität. Wesley verstand seine Aufgabe eher im praktischen Sinn der Evangelisation und der Gemeindeerneuerung. Erfahrung und Experimentierfreude im weiteren Sinne finden sich aber auch in seinem praktischen Wissen über die theologische Methode wieder. Der Anglikanismus bot bereits eine etablierte Herangehensweise an theologische und praktische Fragen, und Wesley arbeitete lediglich innerhalb dieses Gedankengangs und trug zu dessen Fluss bei. Er sah sich selbst nicht als jemand, der etwas deutlich Neues formulierte, und schon gar nicht als etwas Innovatives in der Geschichte des orthodoxen christlichen Denkens. Doch indem er innerhalb der Parameter der theologischen Methode arbeitete, die er vom Anglikanismus übernommen hatte, übernahm Wesley dieses herausragende Erbe nicht nur, sondern übertraf es in wichtigen Punkten.

Diskussionsfragen

Verfügen Sie über eine theologische Methode? Sind Sie sich dessen bewusst? Wie treffen Sie Entscheidungen darüber, was Sie als Christ glauben, wertschätzen und praktizieren?

Warum ist es wichtig, dass sich Menschen darüber im Klaren sind, wie sie theologische Entscheidungen treffen? Nach welcher Methode treffen Sie alltägliche Entscheidungen? Wie oft beziehen Sie die Heilige Schrift ausdrücklich in solche Entscheidungen ein?

Wie hat sich das Verständnis der Christen von religiöser Autorität im Laufe der Jahrhunderte entwickelt? Wie haben sich unterschiedliche Auffassungen auf ihre Überzeugungen, Werte und Praktiken ausgewirkt?

Warum beriefen sich die protestantischen Reformatoren, allen voran Luther, auf die *Sola Scriptura?* Wie verstehen Sie *Sola Scriptura* heute?

Warum schufen die Anglikaner eine Brücke zwischen den Lehren des römischen Katholizismus und denen der kontinentalen Reformatoren? Hat die Betonung der Heiligen Schrift, der Tradition und der Vernunft als religiöse Autoritäten das Verständnis des Christentums verbessert?

Warum sprach Wesley von Erfahrung als religiöser Autorität? Inwieweit beeinflusst Ihre Erfahrung – Ihr Kontext – Ihre Überzeugungen, Werte und Praktiken?

Hinweise

[1]R. McKeon, "Methodology (Philosophy)," *New Catholic Encyclopedia*, 16 vols. (New York: McGraw-Hill, 1967), 9:744.

[2]"Method, Theological," *A New Dictionary of Christian Theology*, ed. Alan Richardson and John Bowden (London: SCM Press; 1983), 363.

[3]J. J. Mueller, *What Are They Saying About Theological Method?* (New York: Paulist Press, 1984), 1.

[4]Die Bezeichnung „Methodist" war ursprünglich eine Verhöhnung Wesleys und seiner Kollegen während ihrer Studienzeit in Oxford. Siehe „A Short History of Methodism", §5, *Works* (Jackson ed.), 8:348.

[5] Siehe "The Definition of Faith of the Council of Chalcedon," *A Select Library of Nicene and Post-Nicene Fathers of the Christian Church*, trans. and ed. Philip Schaff and Henry Wace, 14 vols. (Reprint; Grand Rapids: Eerdmans, 1979), 14:262.

[6]Martin Luther, "Preface to the Wittenberg Edition of Luther's German Writings, Dr. Martin Luther's Preface," trans. Robert R. Heitner, *Selected Writings of Martin Luther*, 1517–1520, ed. Theodore G. Tappert, 4 vols. (Philadelphia: Fortress, 1967), 1:9.

[7]John Calvin, "Prefatory Address to King Francis," *Institutes of the Christian Religion*, trans. Ford Lewis Battles, ed. John T. McNeill, 2 vols. (Philadelphia: Westminster, 1960), 1:18.

[8]Henry R. McAdoo, *The Spirit of Anglicanism: A Survey of Anglican Theological Method in the Seventeenth Century* (New York: Scribner's, 1965), 357 (Hervorhebung von mir). Die von McAdoo erwähnten Anglikaner stellen nicht die letzte Liste der Theologen dar, die sich in ihrer theologischen Methodologie auf Heilige Schrift, Tradition und Vernunft beriefen. Lancelot Andrewes, George Bull, Francis Atterbury

und andere vertreten ähnliche Ansätze zur theologischen Methode.

[9]McAdoo, *Spirit of Anglicanism*, 310.

[10]Paul E. More, introductory essay, *Anglicanism*, eds. Paul E. More and Frank L. Cross (Milwaukie: Morehouse-Gorham, 1935), xx.

[11] Siehe das Kapitel Of Enthusiasm" in John Locke, *An Essay Concerning Human Understanding*, 2 vols. (1690; New York: Dover, 1959), 2:428-41, esp. 432. Cf. Samuel Johnson's definition of "Enthusiasm," which he credited to Locke, in *A Dictionary of the English Language* (1755; reprint, New York: Arno, 1979).

[12]Francis Paget, *An Introduction to the Fifth Book of Hooker's Treatise of the Laws Ecclesiastical Polity* (Oxford: Clarendon, 1907), 284. Cf. Charles Gore, *Roman Catholic Claims*, 4th ed. (London: Longman's, Green, 1892), 6.

[13]McAdoo, *Spirit of Anglicanism*, 313.

[14]Maximin Piette, *John Wesley in the Evolution of Protestantism*, trans. J. B. Howard (New York: Sheed and Ward, 1937), 436.

KAPITEL 4
„DIE WAHRE, DIE BIBLISCHE,
EXPERIMENTELLE RELIGION"

Wesley lebte während der aufkeimenden wissenschaftlichen Revolution und respektierte und schätzte deren Errungenschaften. Diese Revolution spiegelte die Wissenschaft von Francis Bacon und Isaac Newton, die Philosophie von John Locke und die Tradition der induktiven und deduktiven Logik wider, die bis auf Aristoteles zurückreicht. Wesleys Schriften zur Naturphilosophie zeugen von seiner Bewunderung für die Fortschritte der Wissenschaft. Er fürchtete sich nicht vor den Möglichkeiten der Wissenschaft für das religiöse Selbstverständnis. Obwohl seine Ära nicht zu den antireligiösesten Perioden wissenschaftlicher Forschung gehörte, standen nicht alle wissenschaftlichen Ideen im Einklang mit den christlichen Lehren. Dennoch glaubte Wesley, dass rationale Menschen zwischen dem unterscheiden können, was in der Wissenschaft und der wissenschaftlichen Methode nützlich ist und was nicht.

Wesley lobte die Arbeiten von Männern wie Bacon und Newton für ihre „Wiederbelebung der Wissenschaft" durch die Durchführung so vieler nützlicher Experimente, „damit sie, nachdem sie die Struktur und Eigenschaften jedes Körpers genau beobachtet hatten, dessen Natur sicherer beurteilen konnten".[1] Dieser Appell an das Experimentieren fand breite Akzeptanz und Anwendung in zahlreichen Disziplinen, einschließlich der Theologie. Zweifellos war Wesley die experimentelle Methode der Wissenschaft implizit, wenn nicht explizit, im Sinn, als er seine Sermons on Several Occasions als ein Bemühen beschrieb, „die wahre, schriftgemäße, experimentelle Religion" darzustellen.[2] Zumindest in der Gesamtstruktur dieser Predigten sah er sein geistliches und theologisches Unterfangen analog zur experimentellen oder induktiven Methode der wissenschaftlichen Revolution. Darüber hinaus ermutigte er auch andere dazu. Als Wesley beispielsweise in The Case of Reason Impartially Considered die Grenzen der Vernunft bei der Erzeugung von Glauben erörterte, wollte er nicht, dass andere seine Aussage akzeptierten, ohne selbst experimentiert zu haben. Er sagte: „Aber in einem Punkt von so unaussprechlicher Bedeutung verlassen Sie sich nicht auf das Wort eines anderen; ziehen Sie sich für eine Weile aus der geschäftigen Welt zurück und machen Sie das Experiment selbst."[3]

Ich möchte Wesleys induktive Argumentation anhand seines vielleicht reifsten und systematischsten theologischen Werks veranschaulichen – einer Monographie mit dem Titel *The Doctrine of Original Sin, according to Scripture, Reason, and Experience*. Die Monographie dient als Fallstudie zur Untersuchung der induktiven Methodik, die Wesley sowohl in biblischen als auch in theologischen Studien anwandte.

Fallstudie: Lehre von der Erbsünde

John Wesley verfasste seine Abhandlung über die Erbsünde 1756 als Antwort auf ein früheres Werk von John Taylor mit dem Titel *The Scripture-Doctrine of Original Sin*. Wesley hielt das Werk für sehr wissenschaftlich und übertraf seine eigenen Kenntnisse, insbesondere in Griechisch und Hebräisch. Dennoch konnte Wesley angesichts so vieler Lehren, die er für falsch hielt, nicht schweigen. Er betrachtete Taylors Werk als nichts weiter als „alten Deismus in neuem Gewand; er untergräbt die Grundlagen aller offenbarten Religion, ob jüdisch oder christlich."[4]

Wesley glaubte, dass Adams Sünde nicht nur zeitliche Folgen hatte. Die Menschen wurden geistig und moralisch verdorben und sowohl ewiger als auch zeitlicher Strafe schuldig. Laut Wesley „fällt das christliche System sofort", wenn wir die Lehre von der Erbsünde und die Vorstellung, dass der Mensch „von Natur aus töricht und sündig ist und nicht dem herrlichen Bild Gottes entspricht", aufheben.[5]

Wesley widersprach Taylors geschickten Argumenten, mit denen er traditionelle Vorstellungen über Sünde im Allgemeinen und die Erbsünde im Besonderen widerlegte. Um das zu verteidigen, was er als Teil der klassischen Orthodoxie betrachtete, unternahm Wesley eine umfassende theologische Position zur Sünde. Das Ergebnis ist Wesleys systematischste Abhandlung überhaupt – eine Abhandlung, die viel über seine theologische Methode verrät. Sie lässt zwar keinen systematischen Ansatz für Wesleys gesamtes Werk erkennen, offenbart aber, dass er bei ernsthafter theologischer Reflexion eine selbstbewusste Methode verfolgte. Andere Schriften Wesleys mögen seine theologische Methode nicht so explizit darlegen, doch prägte sie seinen Ansatz im Umgang mit den theologischen Bedürfnissen von Kirche und Welt.

Ich werde die Kategorien Beobachtung, Interpretation, Bewertung, Anwendung und Korrelation verwenden, um die Funktionsweise von Wesleys induktivem Denken zu verstehen. Diese Kategorien sind implizit in der Struktur der Erbsündenlehre und den darin entwickelten Argumenten enthalten.

Während die Heilige Schrift, gepaart mit deduktiven Erklärungen und Beweisen, weiterhin seine primäre Datengrundlage für induktive Untersuchungen blieb, offenbart Wesley einen breiteren Kontext, als manche christliche Beobachter anerkennen oder wertschätzen. Wesleys Abhandlung offenbart ein differenziertes Verständnis der vielfältigen Dimensionen theologischer Reflexion, das auch andere Schriften Wesleys durchdrang. In der Abhandlung über die Lehre von der Erbsünde nähert sich Teil 1 dem Untersuchungsprozess der Beobachtung an; Teil 2 ist vergleichbar mit der Interpretation; Teil 3 der Bewertung und Anwendung; und die Teile 4–7 der Korrelation.

Feststellung relevanter Tatsachen

Wesley begann seine experimentelle Untersuchung der Erbsündenlehre mit dem ersten logischen Schritt jedes induktiven Prozesses, nämlich der Beobachtung. Ähnlich wie bei der wissenschaftlichen Beobachtung verstand Wesley die

Notwendigkeit, sorgfältige analytische Aufmerksamkeit auf bekannte Fakten oder Einzelheiten im Zusammenhang mit der Existenz der Sünde zu richten. Daher versuchte er, sich mit Fakten über das Auftreten universeller Verdorbenheit – persönlicher Unmoral und sozialer Ungerechtigkeit – zu befassen, um sich über deren Art und Ausmaß sowie die Notwendigkeit einer konstruktiven Erklärung im Klaren zu sein. Er erklärte:

> Bevor wir versuchen, eine Tatsache zu erklären, sollten wir uns ihrer selbst sicher sein. Fragen wir uns daher zunächst nach dem wahren Zustand der Menschheit und versuchen wir dann, ihn zu erklären.[6]

Wesley eröffnete seine Abhandlung mit einem Abschnitt über „Der vergangene und gegenwärtige Zustand der Menschheit", in dem er fragte: „In welchem wirklichen Zustand befand sich die Menschheit hinsichtlich Wissen und Tugend seit frühester Zeit? Und in welchem Zustand befindet sie sich heute?"[7] Er begann seine theologische Untersuchung mit der Betrachtung der in der Heiligen Schrift verfügbaren Fakten und betrachtete die Heilige Schrift als zuverlässige Quelle historischer Daten.

Er beobachtete weitere Fakten der Schlechtigkeit in der Geschichte, einschließlich der Recherchen in kirchlichen und weltlichen Geschichtsquellen. So hatte er beispielsweise keine Skrupel, Fakten von klassischen Autoren wie Cato, Cicero, Horaz, Juvenal, Ovid und Seneca zu beziehen. Wesley glaubte, dass jede „faire und unparteiische Betrachtung" der heiligen und weltlichen Geschichte die „allgemeine Verderbtheit" der Menschheit offenkundig aufzeige.[8]

In seiner letzten Beobachtung forderte Wesley die Menschen auf, über ihre eigenen Erfahrungen nachzudenken. Er erwartete, dass die meisten Menschen demütig ihre moralischen Defizite eingestehen würden. Er stellte jedoch fest, dass viele Menschen durchaus mit sich selbst zufrieden sind und sich keineswegs für unmoralisch oder verdorben halten. Daraufhin verurteilte er hochmütige Selbsttäuschungen und beschrieb sie als „die nachlässigsten und ungenauesten Beobachter, die sich nur um ihr Äußeres kümmern".[9] Jede wirklich erfahrungsbasierte Betrachtung der menschlichen Natur als Ganzes muss – wiederum mit gutem Gewissen und gesundem Menschenverstand – dazu führen, eine Neigung zu bösem und verdorbenem Verhalten einzugestehen.

Wesley glaubte, dass seine Beobachtungen der Sünde einen überzeugenden Ausgangspunkt für die Entwicklung der Erbsündenlehre bildeten. Er ging davon aus, dass induktives Denken in diesen theologischen Überlegungen legitim sei, stützte diese Annahme jedoch auf die höchste Autorität der Offenbarung Gottes, wie sie in der Heiligen Schrift festgehalten ist – einer Offenbarung, die sowohl durch Vernunft als auch durch Erfahrung bestätigt wird.

Wir mögen Wesley dafür kritisieren, dass er seine experimentelle Methode nicht so konsequent umgesetzt hat, wie er es hätte tun können (im Vergleich zur modernen quantitativen und qualitativen Forschung), oder dass er die kontextuellen Grenzen induktiver Forschung nicht erkannt hat. Das sollte uns jedoch nicht davon abhalten, Wesley in seinem historischen, intellektuellen und theologischen Kontext zu verstehen. Die Anerkennung seiner Situiertheit wird uns zumindest helfen zu erkennen, dass Wesley mit der gleichen methodologischen Selbstwahrnehmung und Integrität arbeitete wie andere Theologen seiner Zeit und seines Ortes. Trotz der Grenzen seines Denkens, die wir vielleicht erkennen, versuchte Wesley, in seinem theologischen Ansatz experimentell orientiert zu sein.

Interpretation der Fakten

Offensichtlich ist keine theologische Methode durch die bloße Beobachtung und Ansammlung von Fakten vollständig. Fakten bedürfen der Interpretation, und Wesley glaubte, dass sie nur im Licht der Heiligen Schrift wirklich erklärt werden könnten. In Teil 2, „Die biblische Methode zur Erklärung hierfür, verteidigt", argumentiert Wesley, dass nur die biblische und orthodoxe Lehre von der Erbsünde den Tatsachen des allgemeinen Elends und der Schlechtigkeit in der Welt gerecht wird. Er kommt zu dem Schluss:

> Und diese [Lehre] erklärt leicht die Schlechtigkeit und das Elend der Menschheit in allen Zeitaltern und Nationen; wodurch Erfahrung und Vernunft diese biblische Lehre von der Erbsünde so stark bestätigen.[10]

Wesleys Argumentation für die weit verbreitete Erbsündenlehre basierte auf der Heiligen Schrift, der Vernunft und der Erfahrung, wie im vollständigen Titel der Abhandlung ausdrücklich dargelegt. Er widersprach Taylor, indem er sich auf alle drei religiösen Autoritäten berief und die Unvernunft von Taylors Interpretation aufzeigte, die allein auf

Erfahrung und Heiliger Schrift beruhte. Wollte Taylor die Erbsündenlehre widerlegen, musste er eine logischere und existenziell überzeugendere Interpretation der Tatsachen des Lebens und der Heiligen Schrift vorlegen. Doch genau an diesem Punkt scheiterte Taylor nach Wesleys Ansicht, da Taylor sich nicht umfassend mit allen relevanten Fakten befasst hatte.

Wesley war zunächst der Ansicht, dass Taylor keine vernünftige Alternative zur Erklärung der allgegenwärtigen Existenz von Elend und Schlechtigkeit in der Welt vorgelegt hatte. Taylor hatte argumentiert, dass durch schlechte Bildung verstärkte Unwissenheit schlechte Bräuche unter den Menschen verbreitet habe und dass die traditionelle Lehre von der Erbsünde nicht zur Vermittlung der Botschaft der Heiligen Schrift gehöre. Wesley war jedoch der Ansicht, dass Taylor die Fakten und die logischen Implikationen seiner Position nicht ausreichend behandelt hatte.

Wesley hinterfragte wiederholt Taylors inkonsistente Logik bei der Auslegung der Heiligen Schrift, sein Versäumnis, die Implikationen von Ideen zu ihren logischen Schlussfolgerungen zu ziehen, und seine regelrechte Täuschung bei der falschen Darstellung der Heiligen Schrift. Er war auch der Meinung, dass Taylor biblische Begriffe falsch verwendete, die Heilige Schrift „im Widerspruch zu anderen Heiligen Schriften" stehen ließ und „überzeugende Worte" verwendete, um die Heilige Schrift zu umgehen.[11] So fand er in einer induktiven Untersuchung, insbesondere der Heiligen Schrift, Beweise für die Unzulänglichkeit von Taylors theologischer Hypothese über die Sünde. Wesley sagte: „Bis dieser [Beweis] erbracht ist, muss ich mit der christlichen Kirche aller Zeiten weiterhin glauben, dass alle Menschen im einfachen, eigentlichen Sinne des Wortes ‚Kinder des Zorns' sind."[12]

Bewertung und Anwendung religiöser Ideen

Indem er die orthodoxe Lehre von der Erbsünde gegen Taylors alternative Interpretation verteidigte, hatte Wesley bereits mit der Bewertung im induktiven Prozess der methodischen Untersuchung der Fakten begonnen. Er setzte diesen Bewertungsprozess jedoch in Teil 3, „Eine Antwort auf Dr. Taylors Ergänzung", noch ausführlicher fort. Hier bewertete Wesley die Relevanz und Nützlichkeit der Ergänzung, die Taylor der ersten Ausgabe seines Buches als Reaktion auf die Kritik von D. Jennings und Isaac Watts beigefügt hatte.

Wesley war der Ansicht, dass Taylor die Kritik von Jennings und Watts nicht zufriedenstellend beantwortet hatte. Tatsächlich fügte Wesley in Teil 4 seiner Abhandlung einen langen Auszug aus Watts' Buch über die Erbsünde hinzu.[13] Damit wollte er die Stichhaltigkeit von Watts' Position zur Lehre und die Angemessenheit seiner Kritik an Taylors Werk bekräftigen.

Wesley kritisierte Taylor dafür, dass er nicht alles berücksichtigt habe, was in der Heiligen Schrift über Sünde gesagt wird. Er argumentierte auch, dass Taylor das Leid von Kindern – die laut Taylor vermutlich unschuldig seien – und die Sterblichkeit nicht nachträglich erklären könne. Wesley ging diese Argumentation wie zuvor an. Er argumentierte mit den Beweisen der Heiligen Schrift und dann mit den

Beweisen des „Zustands der Welt als Beweis für Gottes Missfallen und die natürliche Verderbtheit des Menschen".[14]

Korrelation in der Theologie

Der Prozess der Korrelation sollte jedes theologische Unterfangen durchdringen. Es gilt, ständig wechselseitige oder verbindende Beziehungen zwischen Materialien und Ideen herzustellen, die dem jeweiligen Thema angemessen sind. Wesley war bestrebt, eine lebendige biblische Theologie zu entwickeln, die die Erfahrung des christlichen Glaubens im eigenen Leben und Handeln widerspiegelte und anregte. Er beschränkte seine Studien nicht ausschließlich auf die Heilige Schrift, sondern reflektierte auch über Fakten, die er außerhalb der Heiligen Schrift entdeckt hatte. Nur durch die Betrachtung aller drei religiösen Autoritäten in ihrem jeweiligen Verhältnis und als einheitliches methodisches Instrument konnte Wesley eine wirklich integrierte und lebendige Behandlung des Themas erreichen.

Wesley hielt es weder für eine pastorale noch für eine theologische Notwendigkeit, „ein einheitliches, zusammenhängendes Schema der großen Lehre" zu formulieren, da solche Bemühungen bereits von anderen kompetent durchgeführt worden waren.[15] Deshalb fügte er seiner Verteidigung der Erbsündenlehre Auszüge aus den Werken von Watts, Samuel Hebden und Thomas Boston bei. Indem er diese Auszüge zitierte, entzog sich Wesley nicht seiner Verantwortung als Theologe. Vielmehr erkannte er demütig bestehende Arbeiten an, die dem praktischen

Bedarf an ausführlichen Abhandlungen zur Erbsündenlehre zur Untermauerung seiner Kritik an Taylor entsprachen.

Obwohl Wesley keine ausführliche wissenschaftliche Abhandlung über die Lehre von der Erbsünde vorlegte, spiegelt seine Abhandlung über die Lehre von der Erbsünde alle methodischen Merkmale wider, die zuvor als kennzeichnend für seine theologischen Schriften erwähnt wurden. Wesley war in seiner Untersuchung von Fakten und Ideen im Zusammenhang mit der Sündenlehre biblisch, orthodox/traditionell, analytisch/kritisch und experimentell/praktisch.

Soteriologische Anwendung

Wesley glaubte, in seinem theologischen Denken durch und durch induktiv zu sein, obwohl es unmöglich erscheint, dass jemand tatsächlich alle erdenklichen religiösen Tatsachen beobachten und interpretieren kann. Deshalb lässt sich Wesleys induktiver Ansatz zur Erbsündenlehre beispielsweise treffender als praktische – oder, um einen philosophischen Fachbegriff zu verwenden, ampliative – Induktion bezeichnen.[16] Das heißt, Wesley schlussfolgerte aus einer begrenzten Anzahl beobachteter Beispiele, die sich hauptsächlich mit der sündigen Lage der Menschheit, dem Bedürfnis nach Erlösung und einem damit einhergehenden heiligen Leben befassten.

Es ist unrealistisch anzunehmen, Wesley hätte einen rein induktiven Ansatz verfolgen können. Er untersuchte ausgewählte Sündenfälle zwar bescheidener, aber dennoch nahezu vollständig.

Ausgehend von einer begrenzten Anzahl beobachteter Sündenfälle schloss Wesley auf einen allgemeinen kausalen Zusammenhang zwischen diesen Sünden und der Erbsünde und argumentierte, die traditionelle Lehre von der Erbsünde liefere eine vernünftige und ausreichende Erklärung für Sünde, Schmerz und Leid in der Welt. Er zeigte den bedeutenden biblischen Zusammenhang zwischen der Realität der Sünde und dem Bedürfnis nach Erlösung auf.

Obwohl er nicht erwartete, in der Heiligen Schrift alle Fakten der Theologie zu finden, erwartete Wesley doch, eine ausreichende Quelle der Selbstoffenbarung Gottes zu finden, durch die Gott zur Menschheit sprechen wollte, insbesondere über die Erlösung. Da das, was Gott durch die Heilige Schrift zu uns spricht, vernünftig ist – wie jede wahre Religion –, muss es durch rationale Fähigkeiten und Erfahrungsressourcen, die uns durch Gottes gnädige Fürsorge allgemein zugänglich sind, richtig interpretiert werden. Wesley konnte mehr als nur die Heilige Schrift als Grundlage für theologische Schlussfolgerungen heranziehen. Die Heilige Schrift blieb die wichtigste religiöse Autorität, und Wesley erwartete nicht, dass Tradition, Vernunft oder Erfahrung ihr widersprechen würden. Er ließ jedoch Raum für mehr als nur die Heilige Schrift, um das Denken zu beeinflussen, und ermöglichte so ein realistischeres und kontextbezogeneres Verständnis davon, wie Menschen mit Theologie in Beziehung treten. Dementsprechend lieferte Wesley eine theologische Methode, die uns hilft, eine ganzheitlichere und integrativere Theologie zu entwickeln, die auf alle biblischen Glaubenssätze, Werte und Praktiken anwendbar ist.

Diskussionsfragen

Was meinte Wesley mit „der wahren, der biblischen, experimentellen Religion"?

Kennen Sie den Unterschied zwischen Induktion und Deduktion? Wenn die Induktion relevante Daten zu einem Sachverhalt untersucht und die Deduktion die Ergebnisse der eigenen Untersuchung erklärt (oder zu beweisen versucht), warum ist es dann wichtig, dass die Induktion (Untersuchung) der Deduktion (Erklärung, Beweis) vorausgeht?

Wie kommt es induktives Experimentieren in der Wissenschaft vor? Inwiefern ist es hilfreich (oder nicht hilfreich), die theologische Methode analog zum wissenschaftlichen Experiment zu betrachten?

Wesley untersuchte theologische Fragen, und warum ist es für Christen wichtig, die Heilige Schrift als die wichtigste religiöse Autorität in Fragen ihres Glaubens, ihrer Werte und ihrer Praktiken zu betrachten?

Warum ist es hilfreich, sich bei der theologischen Entscheidungsfindung im Hinblick auf das Christentum nicht nur auf die Heilige Schrift zu berufen? Was lässt sich aus der Kirchengeschichte lernen? Was lässt sich aus kritischem Denken lernen? Was lässt sich aus einschlägiger Erfahrung lernen?

War Wesleys Diskussion der historischen christlichen Urkundenlehre hilfreich, um zu verstehen, wie er auf der Grundlage der Heiligen Schrift, der Tradition, der Vernunft und der Erfahrung zu theologischen Entscheidungen gelangte? Inwiefern war sie keine hilfreiche Fallstudie?

Hinweise

[1]"Of the Gradual Improvement of Natural Philosophy," introduction to the five volume Natural Philosophy, found in the *Works* (Jackson ed.), 13:483.

[2]See Preface, §6, "Sermons on Several Occasions," *Works* (Bicentennial ed.), 1:106.

[3]"The Case of Reason Impartially Considered" (1781, sermon 70), II.3, *Works* (Bicentennial ed.), 2:594–95.

[4]Preface, §4, "Doctrine of Original Sin," *Works* (Jackson ed.), 9:193–94.

[5]Preface, §4, "Doctrine of Original Sin," *Works* (Jackson ed.), 9:194.

[6]Introduction, "Doctrine of Original Sin," pt. 1, *Works* (Jackson ed.), 9:196.

[7]"Doctrine of Original Sin," pt. 1, I, *Works* (Jackson ed.), 9:196.

[8]"Doctrine of Original Sin," pt. 1, I.14, *Works* (Jackson ed.), 9:235.

[9]"Doctrine of Original Sin," pt. 1, II.13, *Works* (Jackson ed.), 9:234.

[10]"Doctrine of Original Sin," pt. 2, [II.]10, *Works* (Jackson ed.), 9:273 (emphasis mine).

[11]See "Doctrine of Original Sin," pt. 2, I.14, *Works* (Jackson ed.), 9:253, and pt. 3, VII, *Works* (Jackson ed.), 9:336.

[12]"Doctrine of Original Sin," pt. 2, [II.]6, *Works* (Jackson ed.), 9:269.

[13]See Wesley's extract from *The Ruin and Recovery of Mankind* by Isaac Watts in "Doctrine of Original Sin," pt. 4, *Works* (Jackson ed.), 9:353–97.

[14]See "Doctrine of Original Sin," pt. 3, III, *Works* (Jackson ed.), 9:325; cf. 9:320.

[15]Introduction, "Doctrine of Original Sin," pt. 4, *Works* (Jackson ed.), 9:353.

[16]Wesleys Verwendung einer begrenzten Zahl beobachteter Sündenfälle lässt sich am besten als ampliative Induktion beschreiben, die wie folgt definiert wird: „Schlussfolgerung aus einer begrenzten Zahl beobachteter Fälle zu einer allgemeinen kausalen Beziehung"; siehe Peter A. Angeles, *A Dictionary of Philosophy* (New York: Harper & Row, 1981), 132.

KAPITEL 5
SCHRIFT, TEIL 1:
Primat der Heiligen Schrift

Die Heilige Schrift war für Wesley eine religiöse Autorität, die allen anderen überlegen war. Seine Theologie entsprang der Selbstenthüllung Gottes, insbesondere wie sie in der Heiligen Schrift zu finden ist. Alle Theologie und alle Erfahrungen „müssen an einer weiteren Regel geprüft werden, um sie auf den einzig wahren Prüfstein zu bringen – das Gesetz und das Zeugnis."[1] In einem Brief an James Hervey schrieb Wesley: „Ich erkenne keine andere Regel an, weder des Glaubens noch der Praxis, als die Heilige Schrift."[2] Aus Sorge um den fortbestehenden Glauben der Methodisten schrieb er:

> Ich wünsche mir jeden Abend, dass ihr euch alle eng an die Bibel haltet. Seid nicht weise, was geschrieben steht. Verbietet nichts, was die Bibel nicht klar vorschreibt. Verbietet nichts, was sie nicht klar verbietet.[3]

Obwohl Wesley bereit war, von anderen Menschen und sogar anderen religiösen Traditionen zu lernen, mussten sie deren Wert „durch klare Beweise der Heiligen Schrift" bestätigen.[4] Die Heilige Schrift diente als „Orakel Gottes" nicht nur als „Grundlage der wahren Religion",[5] sondern fungierte auch als eine Art erkenntnistheoretischer Schutz der Grenzen der wahren, experimentellen Religion.

Wesley stimmte mit der Reformation und der anglikanischen Betonung des Primats der Schriftautorität überein. Genauer gesagt hielt er die anglikanische Kirche für „dem Plan der Schrift näher als jede andere" Kirche in England oder Europa, was maßgeblich der Grund dafür war, warum er sich nie von der Church of England trennen wollte.[6] Die Heilige Schrift diente als einzige allgemein zugängliche Quelle für die Erforschung des Wesens Gottes und des Lebens. Da die Heilige Schrift sowohl für die Theologie als auch für das gesamte Leben gilt, betrachtete Wesley Tradition, Vernunft und Erfahrung als brauchbare Autoritäten, um die Wahrheiten der Heiligen Schrift zu verstehen und zu vermitteln.

Neben seinem theologischen Respekt vor der Heiligen Schrift maß Wesley ihr auch in seinem Privatleben eine wichtige Rolle zu. Er las die Heilige Schrift nicht nur; er hörte Gott persönlich zu, wie er in ihren Seiten zu ihm sprach. Die Heilige Schrift verkörperte die lebendigen Worte Gottes:

> Das Fundament wahrer Religion beruht auf den Aussprüchen Gottes. Sie baut auf den Propheten und Aposteln auf, wobei Jesus Christus selbst der Eckstein ist. Wie wertvoll ist nun die Vernunft, wenn wir diese lebendigen Aussprüche selbst verstehen oder anderen erklären wollen![7]

Wesley glaubte, dass wir eine solche Beziehung zur Heiligen Schrift aufbauen können, dass Gott durch sie zu uns spricht. Deshalb geriet er in Aufregung, wenn er von der Heiligen Schrift sprach: „Oh, gib mir dieses Buch! Gib mir um jeden Preis das Buch Gottes!"[8] Es war Wesley von existenzieller Bedeutung, die Heilige Schrift zu besitzen und sie als oberste Regel seines Lebens zu betrachten. Das Lesen und anschließende geistliche Hören der Heiligen Schrift funktionierte auf dieselbe Weise wie das betende Hören auf Gott. Gott hat nicht nur die Niederschrift der Heiligen Schrift inspiriert, sondern erleuchtet auch weiterhin diejenigen, die sie lesen. Das bloße Studium der Heiligen Schrift bringt natürlich nicht die notwendige Erleuchtung oder Einsicht, um Christ zu werden. Um eine rettende Beziehung zu Jesus Christus aufzubauen, bedarf es der Hilfe des Heiligen Geistes.

In seinen Anmerkungen zum Neuen Testament kommentierte Wesley die Inspiration der Heiligen Schrift und sprach von der fortwährenden Notwendigkeit der Erleuchtung, ja Inspiration durch den Heiligen Geist. Der Geist dient als Wegweiser für diejenigen, die die Heilige Schrift im Gebet lesen. Wesley sagte:

> Die ganze Heilige Schrift ist von Gott eingegeben – Der Geist Gottes inspirierte nicht nur einmal diejenigen, die sie schrieben, sondern inspiriert sie fortwährend und unterstützt auf übernatürliche Weise diejenigen, die sie unter inbrünstigem Gebet lesen. Daher ist sie so nützlich zur Lehre, zur Belehrung der Unwissenden, zur Zurechtweisung und Überführung derer, die im Irrtum oder in der Sünde sind, zur Korrektur und Besserung dessen, was verkehrt ist, und zur Unterweisung und Erziehung der Kinder Gottes in aller Gerechtigkeit.[9]

Manche Theologen bezeichnen dieses theologische Verständnis als Theorie der doppelten Inspiration, wenn göttliche Inspiration sowohl beim Autor als auch beim Leser der Heiligen Schrift auftritt. Wesley vertrat zwar keine solche Lehre, glaubte aber fest an die wiederkehrende Erleuchtung des Heiligen

Geistes, die denen zur Verfügung steht, die göttlichen Beistand suchen, um auf Gott zu hören.

Obwohl wir die ständige Gegenwart des Heiligen Geistes als Wegweiser brauchen, bleibt die Heilige Schrift eine verlässliche Quelle der Selbstoffenbarung Gottes. Die Heilige Schrift ersetzt den Heiligen Geist nicht, aber Gott hat sie zu einer ausreichenden Ressource für Fragen des religiösen Glaubens und der religiösen Praxis gemacht. Daher betrachtete Wesley die Heilige Schrift als ebenso wichtig, um unser Leben zu lenken, wie Gottes Geist uns leitet. Er sagte:

> Denn obwohl der Geist unser Hauptführer ist, ist er doch keineswegs unsere Richtschnur; die Heilige Schrift ist die Richtschnur, durch die er uns in alle Wahrheit führt. Sprechen Sie daher einfach gutes Englisch, nennen Sie den Geist unseren „Führer", was ein intelligentes Wesen bedeutet, und die Heilige Schrift unsere „Richtschnur", was etwas bedeutet, das von einem intelligenten Wesen verwendet wird, und alles ist klar und deutlich.[10]

Die Heilige Schrift und der Heilige Geist ergänzen sich gegenseitig. Sie dienen in gegenseitiger Beziehung dazu, das zu vermitteln, was Wesley gerne als Herzensreligion beschrieb, d. h. eine Religion, in der Wissen und lebendige Frömmigkeit im Leben eines Gläubigen vollkommen miteinander vereinen.

Inspiration der Heiligen Schrift

Der Glaube an die Heilige Schrift entspringt dem Glauben an Gott, nicht umgekehrt. Wesley ging nicht von der Inspiration der Heiligen Schrift aus, ohne sich zuvor zumindest vorläufig zum Glauben an Gott zu bekennen. Doch die Entwicklung theistischer Überzeugungen erfolgte für ihn durch die Lektüre der Heiligen Schrift und die Entdeckung ihrer Vertrauenswürdigkeit als Quelle göttlicher Offenbarung über Gott und die Erlösung durch Jesus Christus. Es entsteht eine Art dialektisches Zusammenspiel zwischen der Lektüre der Heiligen Schrift, der Bestätigung der Erfahrung und der vernünftigen Erkenntnis, die sich aus der Hingabe an die Heilige Schrift als Selbstoffenbarung Gottes ergibt. Der dialektische Prozess umfasst ein aktives Erfassen von Bekanntem, wodurch ein Mensch objektives Wissen über Gott und die Erlösung erlangt, das denen verborgen erscheinen mag, die sich Gott nicht verpflichten wollen.

Wesley verpflichtete sich spätestens im Jahr 1730 – acht Jahre vor seinem bekannten Aldersgate-Erlebnis –, die Heilige Schrift zur wichtigsten Autoritätsquelle seines Lebens zu machen. Er glaubte, dass „alle Schrift von Gott eingegeben ist" – eine Aussage, die sowohl in der Heiligen Schrift als auch in anglikanischen Formeln zu finden ist.[11] Diese Aussage stellte ein Glaubensbekenntnis dar, mit dem Wesley sich und die methodistische Bewegung von „Juden, Türken und Ungläubigen" unterschied.[12] Er glaubte auch, dass „das geschriebene Wort Gottes die einzige und ausreichende Regel sowohl des christlichen Glaubens als auch der christlichen Praxis ist; und darin unterscheiden wir uns grundlegend von denen der römisch-katholischen Kirche."[13]

Die Bestätigung von Wesleys Glauben an die Heilige Schrift rührte zumindest teilweise von seiner persönlichen Erfahrung ihrer Heilswahrheit und dem fortwährenden Zeugnis des Heiligen Geistes her. Er erwartete, dass Gottes Heiliger Geist die Inspiration der Heiligen Schrift bezeugen würde, sodass man ein persönliches Gefühl der Gewissheit ihrer Wahrhaftigkeit verspüren würde. Doch über die göttliche Bestätigung hinaus, die wir erfahren, berief sich Wesley auf mehrere weitere Argumente, die seiner Meinung nach Menschen weiter dazu bewegen würden, an die Inspiration der Heiligen Schrift zu glauben. In „Eine klare und prägnante Demonstration der göttlichen Inspiration der Heiligen Schrift" verwendete Wesley empirische und rationale Argumente. Zunächst argumentierte er, dass die empirischen Fakten rund um die Heilige Schrift uns zwingen, an ihre Inspiration zu glauben. Wesley sagte:

> Es gibt vier überzeugende und überzeugende Argumente, die uns zu der Überzeugung bewegen, dass die Bibel von Gott stammen muss: Wunder, Prophezeiungen, die Güte der Lehre und der moralische Charakter der Verfasser. Alle Wunder entspringen göttlicher Macht, alle Prophezeiungen göttlichem Verständnis, die Güte der Lehre göttlicher Güte und der moralische Charakter der Verfasser göttlicher Heiligkeit.[14]

Die vier Argumente – göttliche Macht, Verständnis, Güte und Heiligkeit, die Wesley als „die vier großen Säulen" bezeichnete – setzen eine bereits bestehende Gottesvorstellung voraus, und Wesley erkannte diese logische Annahme an. Dennoch dienten die Argumente dazu, einen grundlegenden Glauben an Gott und seine Eigenschaften zu untermauern, die den Glauben an die Inspiration der Heiligen Schrift so plausibel wie möglich machen. Erst wenn wir dem lebendigen Gott im Glauben begegnen, können wir laut Wesley die wesentlichen Wahrheiten des Christentums begreifen. In gewisser Weise boten diese Argumente einem gläubigen Geist die Möglichkeit, ein vernünftiges Verständnis von Inspiration zu entwickeln und zu vermitteln.

Ein zweites Argument Wesleys bestand in einem logischen Problem hinsichtlich der notwendigen Inspirationsquelle. Er präsentierte drei Thesen zu möglichen Motivationen für das Schreiben der Heiligen Schrift und wie die Annahme, dass Gott sie inspiriert hat, logisch verständlich ist. Wesley sagte:

> Ich bitte um Erlaubnis, ein kurzes, klares und überzeugendes Argument vorzubringen, um die göttliche Inspiration der Heiligen Schrift zu beweisen.
>
> Die Bibel muss entweder eine Erfindung guter Menschen oder Engel, böser Menschen oder Teufel oder Gottes sein.
>
> Es konnte nicht die Erfindung guter Menschen oder Engel sein, denn sie wollten und konnten kein Buch verfassen und während des Schreibens die ganze Zeit lügen, indem sie sagten: „So spricht der Herr", wenn es ihre eigene Erfindung war.
>
> Es kann nicht die Erfindung böser Menschen oder Teufel sein, denn sie würden kein Buch verfassen, das alle Pflichten gebietet, alle Sünden verbietet und ihre Seelen für alle Ewigkeit zur Hölle verdammt.
>
> Daher komme ich zu dem Schluss, dass die Bibel durch göttliche Inspiration entstanden sein muss.[15]

Obwohl Wesley vor der Zeit der historisch-kritischen Fragen zur Heiligen Schrift lebte, zeigte er dennoch ein hohes Maß an Verständnis für die

Grenzen von Sprache und Vernunft. Wir sollten sein Verständnis nicht einmal theoretisch auf einen statischen und mechanischen Literalismus reduzieren. Er glaubte an die Inspiration der Heiligen Schrift, weil sie sich als ausreichend für die Erlösung und das Wachstum im christlichen Leben erwies. Für Wesley erlangte die Heilige Schrift funktionale Autorität, bevor er seine Lehre von der Heiligen Schrift formulierte. Tatsächlich behalten aus seiner Sicht alle konzeptionellen Formulierungen einen hypothetischen oder vorläufigen Charakter, der eine rein statische oder mechanische Sicht auf die Inspiration und Autorität der Heiligen Schrift abschwächt.

Insofern er die Heilige Schrift als höchste Autorität der christlichen Religion anerkennte, stimmte Wesley mit der klassischen protestantischen Sichtweise der biblischen Autorität überein. In seiner Predigt „Über den Glauben, Hebr. 11,6" schloss er sich ausdrücklich der protestantischen Position zur Heiligen Schrift an. Wesley sagte:

> Der Glaube der Protestanten umfasst im Allgemeinen nur jene Wahrheiten, die für die Erlösung notwendig sind und die in den Aussprüchen Gottes klar offenbart werden. ... Sie glauben weder mehr noch weniger als das, was in der Heiligen Schrift eindeutig enthalten und durch sie beweisbar ist. ... Das geschriebene Wort ist die alleinige Richtschnur ihres Glaubens und ihrer Praxis.[16]

Obwohl Wesley sich dem protestantischen Christentum anschloss, gab er sich nicht damit zufrieden, das Prinzip der *Sola Scriptura* so anzuwenden, dass andere religiöse Autoritäten ausgeschlossen wurden. Getreu seinem anglikanischen Erbe scheute er sich nicht, außerbiblische Autoritäten in seine theologische und biblische Herangehensweise einzubeziehen. Die gesamte theologische Aufgabe war zu komplex und mit anderen religiösen Autoritäten verknüpft, um deren Beitrag zur Erhellung, Belebung und Verkündigung der Botschaft des Evangeliums zu ignorieren.

Zweck der Heiligen Schrift

Wir entdecken in Wesley, dass ein Hauptzweck der Heiligen Schrift darin besteht, die vollständige Heilsbotschaft des Evangeliums zu vermitteln – eine Erlösung, die in den Gläubigen sowohl Rechtfertigung als auch Heiligung bewirkt. Die Heilige Schrift enthält einen glaubwürdigen Bericht darüber, wie Gott einen Weg zur Erlösung geschaffen hat, insbesondere offenbart durch die Person und das Werk Jesu Christi. Die Heilige Schrift präsentiert somit den Weg zur Erlösung.

Wesley formulierte diesen Weg in Predigten wie „Christentum der Heiligen Schrift", „Der Weg der Erlösung durch die Heilige Schrift" und „Wie wir unsere eigene Erlösung erreichen". Wenn wir erlöst werden wollen, aber nicht wissen wie, dann zeigt uns die Heilige Schrift „die Schritte, die wir unternehmen sollen, um unsere eigene Erlösung zu erreichen."[17] Wesley war daher überzeugt, dass die Heilige Schrift weiterhin von existenzieller Bedeutung für die Suche nach dem Weg zur Erlösung ist.

Die in der Heiligen Schrift zu findende Heilsordnung (lat. *ordo salutis*) zu artikulieren, kann helfen, ihren beabsichtigten Zweck zu erfüllen. Wesley erkannte diese praktische Anwendung der Theologie und versuchte daher mehrfach, Stufen der Heilsordnung oder des Heilsweges darzustellen. Einige Gelehrte meinen, Wesleys Heilsordnung sei eines seiner systematischsten theologischen Unterfangen. Tatsächlich betrachtete Wesley die Heilsordnung generell als Kern seiner Theologie. Harald Lindström präsentiert eine hilfreiche Studie von Wesleys verschiedenen Versuchen, diese Ordnung zu artikulieren. Von diesen Versuchen betrachtet Lindstrom die Predigt von 1765 mit dem Titel „Der Heilsweg der Heiligen Schrift" als die wichtigste Grundlage für Wesleys *Heilsordnung:*

> 1) Das Wirken der vorausgehenden Gnade. 2) Buße vor der Rechtfertigung. 3) Rechtfertigung oder Vergebung. 4) Die Wiedergeburt. 5) Buße nach der Rechtfertigung und das allmählich fortschreitende Werk der Heiligung. 6) Vollständige Heiligung.[18]

Wesley und *Sola Scriptura*

Sofern Wesley behauptete, ein Mann eines einzigen Buches zu sein, bekräftigte er den protestantischen Ruf nach dem maßgeblichen Prinzip der Heiligen Schrift allein (lat. *sola scriptura).* Doch sein Bekenntnis zur Heiligen Schrift als primär erschien im Kontext eines überwältigenden Verlangens nach Erlösung und nicht im traditionellen Denkschema der kontinentalen Reformation. Da die Autorität der Heiligen Schrift mit ihrer Wirksamkeit zusammenhängt, einem Menschen die Erfahrung persönlicher Erlösung zu ermöglichen, beruhte ihre Autorität nicht allein auf dem Beweis ihrer Inspiration oder Verlässlichkeit. Später in seinem Dienst bekräftigte Wesley, dass die Heilige Schrift keine Unwahrheiten enthalte.[19] Zuvor hatte er jedoch davon gesprochen, dass die Autorität der Heiligen Schrift eher auf ihrer Funktion, die Erlösung zu ermöglichen, als auf ihrer faktischen, historischen oder theologischen Verlässlichkeit beruhe.[20]

In Bezug auf Wesleys Verständnis von *sola scriptura* bemerkt Albert Outler:

> Die großen protestantischen Losungen *„sola fide "* und *„sola scriptura"* waren in der Tat grundlegend für Wesleys Formulierung einer Lehre von der biblischen Autorität. Doch zu Beginn und Ende seiner Laufbahn interpretierte Wesley „solus" als „primär" und nicht als „allein" oder „ausschließlich".[21]

Zur Untermauerung dieser Behauptung zitiert Outler aus den „Protokollen mehrerer Gespräche", in denen Wesley denjenigen, die behaupten, sie würden nur die Bibel lesen, Folgendes antwortete:

> Das ist purer Enthusiasmus. Wenn du kein Buch außer der Bibel brauchst, bist du dem heiligen Paulus überlegen. Er wollte auch andere. „Bringt die Bücher", sagt er, „aber vor allem die Pergamente", die auf Pergament geschrieben sind. „Aber ich habe keine Lust zum Lesen." Entwickle durch Gebrauch eine Lust daran oder kehre zu deinem Beruf zurück.[22]

Wesleys Bekenntnis zur Autorität der Heiligen Schrift schloss sein lebenslanges Interesse und seine Nutzung vieler anderer Bücher, insbesondere theologisch relevanter, nicht aus. Die von ihm herausgegebene fünfzigbändige „Christliche Bibliothek" zeugt deutlich von seinem Anliegen, allen Menschen vielfältige intellektuelle und religiöse Quellen für den christlichen Glauben zur Verfügung zu stellen – Quellen mit einem gewissen Maß an Autorität, auch wenn sie sekundärer und ergänzender Natur sind.

Diskussionsfragen

Auf welcher Grundlage glaubte Wesley an die primäre Autorität der Heiligen Schrift? Was glauben Sie über die Autorität der Heiligen Schrift? Ist die Heilige Schrift in Ihrem Leben in der Praxis genauso maßgeblich, wie Sie es in der Theorie behaupten?

Was bedeutet es, wenn die Heilige Schrift göttlich inspiriert ist? Ist Inspiration dasselbe wie Autorität? Vertrauenswürdigkeit?

Inwieweit ist die Inspiration der Heiligen Schrift von rationaler (und apologetischer) Argumentation abhängig? Inwieweit hängt ihre Inspiration von der Gegenwart und dem Wirken des Heiligen Geistes im Leben der Menschen ab? Wie kann die Gotteserfahrung beim Lesen der Heiligen Schrift zu den eigenen theologischen Überzeugungen, Werten und Praktiken beitragen?

Obwohl die Heilige Schrift vielen Zwecken dienen kann, warum konzentrierte sich Wesley so sehr auf ihren soteriologischen (d. h. auf die Erlösung gerichteten) Zweck?

Wie verstehen Sie die „Heilsordnung" (lat. *ordo salutis*)? Ist Wesleys Heilsordnung hilfreich? Was sind die Stärken und Schwächen der Beschreibungen einer Heilsordnung?

Wie lässt sich Wesleys Verständnis von Heiliger Schrift, Tradition, Vernunft und Erfahrung mit der *sola scriptura* -Bekenntnis der kontinentalen Reformation vergleichen? Wo liegen die Stärken und Schwächen der jeweiligen Auffassungen?

Hinweise

[1]*Journal* (Curnock ed.), 2:226, 22 June 1739.

[2]"To James Hervey," 20 March 1739, *Letters* (Telford ed.), 1:285.

[3]"To John Dickins," 26 December 1789, *Letters* (Telford ed.), 8:192.

[4]Preface, §9, "Sermons on Several Occasions," *Works* (Bicentennial ed.), 1:107.

[6]"The Case of Reason Impartially Considered" (1781, sermon 70), I.

[7]*Works* (Bicentennial ed.), 2:591.

[8]"The Case of Reason Impartially Considered," 2:591–92.

[9]Preface, §5, "Sermons on Several Occasions," *Works* (Bicentennial ed.), 1:105.

[10]2 Tim. 3:16, *Notes upon the New Testament*, 794.

[11]"To Thomas Whitehead (?)," 10 February 1748, *Letters* (Telford ed.), 2:117.

[12] Vergleichen Sie Wesleys Kommentare zu 2. Timotheus 3:16 in den *Notes upon the New Testament*, 794, with Anglican formularies concerning "The Scriptures" in Articles VI-VII of the Thirty-nine Articles in Philip Schaff, *The Creeds of Christendom* (New York: Harper & Brothers, 1919), 1:592–649, 3:486–516; and Edward J. Bicknell, *A Theological Introduction to the Thirty-nine Articles of the Church of England* (London: Longman, 1919), 128–46.

[13]"The Character of a Methodist," §1, *Works* (Jackson ed.), 8:340.

[14]"The Character of a Methodist," §1, *Works* (Jackson ed.), 8:340.

[15]"A Clear and Concise Demonstration of the Divine Inspiration of the Holy Scriptures," *Works* (Jackson ed.), 11:484.

[16]"A Clear and Concise Demonstration of the Divine Inspiration of the Holy Scriptures," *Works* (Jackson ed.), 11:484.

[17]"On Faith, Heb. 11:6" (1788, sermon 106), I.8, *Works* (Bicentennial ed.), 3:496. Cf. related discussions of Wesley's theological proximity with classical Protestantism in R. Larry Shelton, "John Wesley's Approach to Scripture in Historical Perspective," *Wesleyan Theological Journal* 16, no. 1 (1981): 37–38; and Colin Williams, *John Wesley's Theology Today* (New York: Abingdon, 1960), 26, 37.

[18]"On Working Out Our Own Salvation" (1785, sermon 85), II.4, *Works* (Bicentennial ed.), 3:205.

[19]Harald Lindström, *Wesley and Sanctification* (1980; Grand Rapids: Zondervan, 1983), 113; cf. 105–119.

[20]Als Einwand gegen Soame Jenyns' Buch *Internal Evidence of the Christian Religion,* in dem Jenyns bestritt, dass die gesamte Heilige Schrift von Gott inspiriert sei, sagte Wesley: „Nein, wenn die Bibel überhaupt Fehler enthält, könnten es genauso gut tausend sein. Wenn in diesem Buch eine einzige Unwahrheit steht, dann stammt sie nicht vom Gott der Wahrheit." *Journal* (Curnock ed., 6:117, 24 August 1776). Cf. *Standard Sermons* (Sugden ed.), 1:249–50: "All Scripture is infallibly true."

John Alfred Faulkner argumentiert, dass die methodistische Bewegung „soteriologisch [und] nicht in erster Linie theologisch im strengen Sinne war. Sie kam durch die Erlösung zu Gott, Christus und dem

Heiligen Geist"; siehe *Modernism and the Christian Faith* (New York: Methodist Book Concern, 1921), 220.

[21]Albert C. Outler, ed., *John Wesley* (New York: Oxford University Press, 1980), 28n101.

[22]"Minutes of Several Conversations," Q.32, *Works* (Jackson ed.), 8:315.

KAPITEL 6
SCHRIFT, TEIL 2:
Auslegung der Heiligen Schrift

Wesley interpretierte die Heilige Schrift weder vereinfachend noch wandte er sie legalistisch oder textbeweisend an. Seine Herangehensweise an die Heilige Schrift basierte auf einem ganzheitlichen Verständnis und dem Vertrauen in ihre Fähigkeit, uns für die Erlösung und ein heiliges Leben weise zu machen.[1] Wesley war zwar kein professioneller Exeget, doch gelang es ihm, ein gestalthaftes oder ganzheitliches Verständnis christlicher Wahrheiten zu entwickeln, das über seine wissenschaftlichen Kenntnisse hinausging. Er schien den lebendigen, dynamischen Charakter des christlichen Glaubens, der jeden Aspekt des Lebens beeinflusste, scharfsinnig zu erfassen und zu vermitteln. Gleichzeitig versuchte Wesley, seinen konzeptuellen Inhalt in seine Theologie und seinen Dienst einzubinden.

Wir sollten bei Wesley kein hochkonzeptionelles und professionelles Verständnis der Schriftauslegung erwarten. Obwohl Christen seit der Zeit der Kirchenväter oft über Hermeneutik (Auslegungsprinzipien) nachgedacht haben und die frühe historische Kritik bereits im Jahrhundert vor Wesley begann, war er den meisten historisch-kritischen Fragen des 19. Jahrhunderts und der darauffolgenden Jahre voraus.

In Wesleys anglikanischem Kontext bestand kein dringender Bedarf, eine Apologetik für die eigene Schriftlehre oder biblische Hermeneutik zu entwickeln. Daher können wir nicht abschließend beurteilen, wie Wesley auf die vielen historisch-kritischen Fragen reagiert hätte, die uns bis heute beschäftigen. So beschäftigte er sich beispielsweise nicht mit Fragen der biblischen Authentizität, Chronologie, Autorschaft usw. Dennoch ging er nicht über schwierige Passagen der Heiligen Schrift hinweg, als gäbe es keine Probleme. Er erkannte, dass

Alle Menschen haben Schwierigkeiten, die Geheimnisse der offenbarten Religion zu verstehen, weil sie „unwissend sind und nicht in der Lage, seine [Gottes] Ratschläge zu begreifen."[2]

Wesley erwog beispielsweise die Möglichkeit, dass das religiöse Wissen, das von Noah und seinen Kindern und Kindeskindern überliefert wurde, durch die Hinzufügung unzähliger Fabeln, also Erzählungen, die früheren Erzählungen hinzugefügt wurden, beeinflusst worden sein könnte. Er sagte:

Wir können auch davon ausgehen, dass einige Spuren von Wissen, sowohl über die unsichtbare als auch über die ewige Welt, von Noah und seinen Kindern an ihre unmittelbaren und entfernteren Nachkommen weitergegeben wurden. Und obwohl diese durch zahllose Fabeln verdunkelt oder verschleiert wurden, war doch immer etwas Wahres darin enthalten, und diese Lichtstreifen verhinderten völlige Dunkelheit.[3]

Obwohl Wesley nicht darüber spekulierte, wie sehr solche „Fabeln" (oder Sagen, Mythen) die Heilige Schrift beeinflussten, räumte er ein, dass bei der Interpretation der Gattungen sowie des historischen und literarischen Kontexts biblischer Passagen große Sorgfalt geboten sei. Wesley erkannte, dass Christen sich der kontextuellen Aspekte biblischer Texte bewusst sein und diese bei der Interpretation der Bedeutung der Heiligen Schrift berücksichtigen müssen.

Gerald Cragg bestätigt, „dass Wesley kein sklavischer Literalist war, weil er sich auf Vernunft, Tradition und Erfahrung berief, um die Bedeutung unklarer Passagen zu klären."[4] Andere Gelehrte stimmen dem zu. Edward Sugden bemerkt: „Wesley war ein Kritiker, sowohl höherer als auch niedrigerer Art, bevor diese oft missverstandenen Begriffe erfunden wurden."[5] Zur Untermauerung dieser Bemerkung zitiert Sugden Wesleys Vorwort zu den *Anmerkungen zum Neuen Testament:*

> Diese verschiedenen Lesarten, die größtenteils auf alten Kopien und Übersetzungen beruhen, habe ich ohne Bedenken in den Text aufgenommen, den ich von Anfang an nach dem darin enthaltenen Stoff gegliedert habe.[6]

Sugden weist außerdem darauf hin, dass Wesley im Vorwort zu seinem Kommentar zum Buch Josua fast genau die moderne kritische Sichtweise wiedergab. Wesley schrieb:

> Es ist sogar wahrscheinlich, dass es sich [von Josua bis Esther] um Sammlungen authentischer Aufzeichnungen des Volkes handelte, die einige Propheten unter göttlicher Anleitung und mit Hilfe der Propheten zusammenstellten. Es scheint, dass der Inhalt der einzelnen Geschichten unter göttlicher Anleitung geschrieben wurde, kurz nachdem die Ereignisse stattgefunden hatten, und erst viel später in die Form gebracht wurde, in der

sie heute vorliegen – möglicherweise alles von derselben Hand.[7]

Hier offenbart Wesley ein Bewusstsein für historische und kritische hermeneutische Fragen, die in späteren Jahrhunderten an Bedeutung gewannen. Dennoch war Wesley überzeugt, dass Christen vor solchen Fragen nicht zurückschrecken sollten, da er glaubte, dass Gottes Wahrheit in der Heiligen Schrift hinreichend offenbart sei.

Zu den manchmal mysteriösen Aspekten der Heiligen Schrift sagte Wesley: „Selbst unter uns, die wir weit über diese hinaus begünstigt sind – denen die Orakel Gottes anvertraut sind, dessen Wort unseren Füßen eine Leuchte und ein Licht auf all unseren Pfaden ist – gibt es in seinen Fügungen noch viele Umstände, die unser Fassungsvermögen übersteigen."[8] Der Besitz der Heiligen Schrift allein gewährleistete kein vollständiges Verständnis der Wahrheit Gottes, doch Wesley hielt ihn für ausreichend, um Menschen zur Erlösung zu führen und ihnen Richtlinien für ein heiliges Leben zu geben.

Für Wesley mussten sowohl der „Geist" als auch der „Buchstabe" der Heiligen Schrift erkannt werden, da ihre Lehren einen Zweck verfolgten – Menschen zu retten und Heiligkeit und Liebe zu fördern. Gelehrte wie Mildred Bangs Wynkoop beispielsweise beschrieben „Liebe" als die missiologische Hermeneutik hinter Wesleys Bibelauslegung.[9] Larry Shelton stimmt dem grundsätzlich zu und räumt ein, dass „Liebe" Wesleys Schriftbetrachtung motiviert. Shelton geht jedoch genauer auf Wesleys Bibelauslegung ein und stellt fest, dass „seine Methodik primär induktiv, historisch-wörtlich und soteriologisch motiviert ist."[10]

Induktive Methode

Der induktive Charakter von Wesleys theologischer Methode erstreckt sich auch auf seine Interpretation der Heiligen Schrift. Shelton liefert hilfreiche Einblicke in Wesleys Herangehensweise an hermeneutische Fragen. Zunächst stellt Shelton fest, dass Wesley im Vorwort zu den Anmerkungen zum Alten Testament die induktiven Merkmale seiner Herangehensweise an das Studium der Heiligen Schrift entwickelt hat.[11] Am Ende seines Vorworts fasste Wesley sechs Schritte des Andachtsstudiums zusammen:

Wenn Sie die Heilige Schrift so lesen möchten, dass Sie dieses Ziel (die Dinge Gottes zu verstehen) am wirksamsten erreichen, wäre es dann nicht ratsam, (1) wenn möglich jeden Morgen und Abend ein wenig Zeit dafür einzuplanen? (2) jedes Mal, wenn Sie Zeit haben, ein Kapitel aus dem Alten und eines aus dem Neuen Testament zu lesen; wenn Sie dies nicht können, ein einzelnes Kapitel oder einen Teil davon zu nehmen? (3) dies mit einem einzigen Auge zu lesen, um den ganzen Willen Gottes zu erkennen und mit dem festen Entschluss, ihn zu tun? Um seinen Willen zu erkennen, sollten Sie (4) stets die Analogie des Glaubens im Auge behalten, die Verbindung und Harmonie zwischen diesen großen, grundlegenden Lehren: Erbsünde, Rechtfertigung durch Glauben, Wiedergeburt, innere und äußere Heiligkeit. (5) Wir sollten ständig ernsthaft und aufrichtig beten, bevor wir die Orakel Gottes befragen, da „die Schrift nur durch denselben Geist verstanden werden kann, durch den sie gegeben wurde"....(6) Es könnte auch von Nutzen sein, wenn wir beim Lesen häufig innehalten und uns selbst anhand des Gelesenen prüfen.[12]

Diese Vorschläge dienten der Vorbereitung auf ein ernsthafteres und fundierteres Studium der Heiligen Schrift. Sie unterstrichen die Bedeutung der Schriftauslegung im Gebet und der Anwendung der Erkenntnisse im Leben. Doch auch auf religiöser Ebene war Wesley daran interessiert, dass Christen die Heilige Schrift induktiv selbst studieren.

Zweitens stellt Shelton fest, dass Wesley zunächst den Vorrang des wörtlichen Sinns der Heiligen Schrift betonte. Er erklärt, dass Wesley nicht den Literalismus an sich befürwortete, sondern die von Luther und den anderen Reformatoren verfolgte Methode, den allegorischen Sinn der Heiligen Schrift durch „die einfache Grammatik und Syntax [zu korrigieren], die den Sinn jeder Aussage ohne Rückgriff auf esoterische Spiritualisierungen vermitteln".[13] Als logische Konsequenz historischer und exegetischer Methoden der Bibelauslegung weist Shelton darauf hin, dass Wesley die von ihm beschriebene Glaubensanalogie verwendete, womit er „die allgemeinen Themen der Bibel meint, wie sie richtig interpretiert werden".[14] In ähnlicher Weise beschreibt Outler Wesleys Verwendung der Glaubensanalogie als „seinen Sinn für das Ganze", wodurch ein Ausleger der Heiligen Schrift ein gestaltähnliches Verständnis der Wahrheiten der Heiligen Schrift erlangen kann, das die sklavische Abhängigkeit von den wörtlichen Worten aufhebt.[15]

In einem weiteren Kommentar zu Wesleys Hermeneutik fasst William Arnett sechs für Wesley charakteristische allgemeine Regeln der Schriftauslegung zusammen. Wir haben den Kern dieser Regeln bereits in unserer vorherigen Diskussion kennengelernt, doch Arnett bietet eine hilfreiche Zusammenfassung:

Zunächst wird der wörtliche Sinn betont.

Zweitens betont Wesley die Bedeutung des Kontexts.

Drittens ist es wichtig, die Heilige Schrift zu vergleichen.

Viertens betont Wesley die Bedeutung der christlichen Erfahrung bei der Auslegung der Heiligen Schrift ... Die christliche Erfahrung hat sowohl bestätigenden als auch korrigierenden Wert.

Fünftens soll die Vernunft als „Magd des Glaubens, Dienerin der Offenbarung" eingesetzt werden.

Schließlich beachten wir die Regel der „Praktikabilität". Wesley war in hohem Maße ein Apostel der einfachen, ungebildeten Bevölkerung. Deshalb versuchte er, das Ausgefeilte, Elegante und Rhetorische zu vermeiden.[16]

Das Wichtige an Wesleys Methode (oder seinen Regeln, Prinzipien) der Bibelauslegung ist seine Bereitschaft, mehr als nur die einfache, wörtliche Bedeutung eines Textes zu untersuchen. Wesley zeigte sich bereit, alternative Interpretationen zu erforschen, wenn der Text oder die Beweise der Heiligen Schrift „im Widerspruch zu anderen Texten" stehen, „unverständlich" sind oder „absurd erscheinen".[17]

Arnett weist hilfreich darauf hin, dass Wesley die Heilige Schrift im Kontext interpretieren wollte. So wollte er beispielsweise die Gattung eines Textes kennen: Handelte es sich um eine Erzählung? Eine historische Erzählung? Eine Parabel? Eine Epistel? Ein Gedicht? Ein Kirchenlied? Ebenso interessierte ihn der historische und literarische Kontext eines Textes: Wie hilft uns historisches Wissen über einen bestimmten Text, seine Bedeutung zu verstehen? Wie hilft uns literarisches Wissen über einen bestimmten Text, seine Bedeutung zu verstehen?

Abschließend weist Shelton auf den soteriologischen Fokus hin, der sich durch Wesleys Schriften zieht – ein Fokus, der von dem motiviert ist, was Wynkoop als Wesleys Hermeneutik der Liebe beschrieb. Shelton behauptet, dass „Wesleys grundlegender Ansatz zur Interpretation und zur Autorität der Heiligen Schrift fest in der historisch-wörtlichen, patristischen und reformatorischen Interpretationstradition verankert ist."[18] Da Glaube und Erlösung „die Substanz der gesamten Bibel, sozusagen das Mark der gesamten Heiligen Schrift, umfassen",[19] organisierte Wesley all seine theologischen Untersuchungen um den zentralen Fokus der Erlösung – ganzheitlich verstanden –, die die *Daseinsberechtigung* der methodistischen Bewegung darstellte.

Bedeutung des Kontextes

Bei der Auslegung der Heiligen Schrift begann Wesley mit dem Studium des Kontextes der biblischen Texte selbst. Obwohl er sich nicht mit den höheren kritischen Fragen beschäftigte, die das 19. Jahrhundert dominierten, erkannte er die Notwendigkeit, die Heilige Schrift über ihre einfache, wörtliche Bedeutung hinaus zu interpretieren. Hermeneutik erforderte die

Untersuchung des umgebenden biblischen Kontextes. Wesley warnte:

> Jede Passage kann leicht verfälscht werden, wenn sie einzeln und ohne die vorhergehenden oder folgenden Verse rezitiert wird. Dadurch kann sie oft einen bestimmten Sinn zu haben scheinen, obwohl durch die Betrachtung des Vorhergehenden und des Nachfolgenden klar wird, dass sie in Wirklichkeit das genaue Gegenteil hat.[20]

Bibelstellen müssen mit anderen Bibelstellen verglichen werden, um den Sinn des Ganzen zu klären. Wie Wesley sagte: „Der beste Weg, etwas zu verstehen, besteht darin, die Bibelstellen sorgfältig miteinander zu vergleichen und so ihre wahre Bedeutung zu verstehen."[21] In „An Address to the Clergy" fügte Wesley hinzu: „Nicht weniger notwendig ist die Kenntnis der Heiligen Schrift, die uns lehrt, wie wir andere lehren sollen; ja, die Kenntnis der gesamten Heiligen Schrift; denn die Erkenntnis der Heiligen Schrift interpretiert die Heilige Schrift; ein Teil prägt den Sinn des anderen."[22]

Neben der Glaubensanalogie stützte sich Wesley auf Erfahrung, um den Kontext der Heiligen Schrift zu interpretieren. Er nutzte persönliche und soziale, historische und literarische Erfahrungen, um die Wahrheiten der Heiligen Schrift zu bestätigen und zu vertiefen. Er behauptete, er würde die wörtliche Auslegung der Heiligen Schrift nicht einmal glauben, wenn sie nicht durch Erfahrung bestätigt würde. Ein Gespräch zwischen Wesley und Peter Böhler verdeutlicht dies:

> Als ich Peter Böhler wieder traf, willigte er ein, den Streit auf das von mir gewünschte Thema zu

konzentrieren, nämlich auf die Frage der Heiligen Schrift und der Erfahrung. Ich konsultierte zunächst die Heilige Schrift. Doch als ich die Erläuterungen der Menschen beiseite ließ und einfach die Worte Gottes betrachtete, sie miteinander verglich und versuchte, das Unverständliche durch die klareren Passagen zu verdeutlichen, stellte ich fest, dass sie alle gegen mich sprachen, und musste mich auf meinen letzten Standpunkt besinnen: „Die Erfahrung würde niemals mit der wörtlichen Auslegung dieser Heiligen Schrift übereinstimmen." Daher konnte ich sie nicht als wahr akzeptieren, bis ich lebende Zeugen dafür fand.[23]

Folglich glaubte Wesley, dass umstrittene Interpretationen der Heiligen Schrift und nachfolgende Formulierungen der Lehre „durch Ihre und meine Erfahrung bestätigt werden könnten."[24]

Da er erwartete, dass Erfahrung die Heilige Schrift bestätigt, räumte Wesley auch die Möglichkeit ein, dass Erfahrung die Bedeutung der Heiligen Schrift verdeutlicht, wenn sie unklar ist, oder genauer gesagt, unsere Interpretation klärt. Ein hervorragendes Beispiel hierfür ist Wesleys biblisches Verständnis der vollständigen Heiligung. Einige Wesley-Forscher vermuten, dass seine Lehre von der vollständigen Heiligung primär aus der Beobachtung der Erfahrung von Christen mit Gottes heiligmachender Gnade in ihrem Leben entstand. Natürlich bestätigte die Beobachtung dieser Erfahrungen, was Wesley bereits in der Heiligen Schrift als wahr erkannt hatte. Man bedenke, dass Wesley nicht erwartete, dass vom Geist geleitete Erfahrung jemals der Heiligen Schrift widersprechen würde. Deshalb studierte er Erfahrung, insbesondere religiöse Erfahrung, um Erkenntnisse zum Verständnis und zur Anwendung der Heiligen Schrift zu gewinnen.

Neben der Erfahrung spielte die Vernunft eine entscheidende Rolle in Wesleys Auslegung der Heiligen Schrift. Für Wesley erleichtert die Vernunft den gesamten Denkprozess, ohne den man die Heilige Schrift nicht interpretieren oder überhaupt interpretieren könnte. Die Vernunft ist ein „kostbares Geschenk Gottes … [sie ist] ,die Leuchte des Herrn', die er zu herrlichen Zwecken in unsere Seelen gesetzt hat."[25] Die Sündhaftigkeit der Menschheit mag das moralische Bild Gottes im Einzelnen ausgelöscht haben, ihr natürliches Bild jedoch nicht völlig. Die Vernunft – einschließlich Logik und Verstand – fungiert als Teil dieses natürlichen Bildes und ist eine gottgegebene Fähigkeit, auf die wir uns im wichtigen Prozess der Schriftauslegung verlassen können.

Darüber hinaus ermöglicht uns Gott durch die Vernunft, „seinen Umgang mit den Menschenkindern zu begreifen".[26] Die Vernunft leitet uns, die wichtigen christlichen Ideen über Buße, Glauben, Rechtfertigung, Wiedergeburt und Heiligkeit zu verstehen und apologetisch darauf zu reagieren. Wesley betonte die Vertrauenswürdigkeit der Vernunft und sagte:

> In all diesen Belangen und bei allen Pflichten des alltäglichen Lebens hat Gott uns die Vernunft als Richtschnur gegeben. Und nur wenn wir nach ihren Geboten handeln und all den Verstand nutzen, den Gott uns gegeben hat, können wir ein Gewissen haben, das frei von Vergehen gegenüber Gott und den Menschen ist.[27]

Daher sollten Christen „Vernunft, Wissen oder menschliche Bildung weder verachten noch geringschätzen."[28] Vielmehr können Christen Vernunft, Logik und andere Aspekte des kritischen Denkens gewinnbringend in ihren biblischen und theologischen Untersuchungen einsetzen, sowohl für die Apologetik als auch für die richtige Interpretation der Worte Gottes in der Heiligen Schrift.

Wesleys Offenheit gegenüber allen historischen Anspruchstellern religiöser Autorität zeigt, dass der induktive Charakter seiner theologischen Methode über die Theologie hinausging und auch die biblische Hermeneutik einschloss. Indem wir induktive Merkmale in seinen Bibelstudien erkennen, verstehen wir besser, wie weit verbreitet und konsequent Wesleys Anwendung einer ähnlichen Methodik in seinem gesamten theologischen Ansatz war.

Diskussionsfragen

Was bedeutet es, bei der Auslegung der Heiligen Schrift zunächst nach ihrer klaren, wörtlichen Bedeutung zu suchen? Warum ist die klare, wörtliche Bedeutung manchmal die schlechteste Art, eine Bibelstelle zu interpretieren?

Inwiefern sind Ihnen Wesleys sechs Andachtsschritte beim Lesen und Studieren der Heiligen Schrift hilfreich?

Wie kann ein induktiver Ansatz beim Studium der Heiligen Schrift dem Einzelnen dabei helfen, selbst zu entscheiden, was die biblischen Texte aussagen? Hilft Arnetts Zusammenfassung dabei, Wesleys Interpretation der Heiligen Schrift zu verstehen?

Warum ist es wichtig, den Kontext einer Bibelstelle zu studieren, insbesondere ihren weiteren Kontext innerhalb eines Absatzes, Kapitels oder Buches der Heiligen Schrift? Warum ist es wichtig, zunächst die Heilige Schrift interpretieren zu lassen, d. h. andere Teile der Heiligen Schrift in den Interpretationsprozess einzubeziehen?

Warum ist es wichtig, das Genre einer bestimmten Bibelstelle zu kennen, also die literarische Kategorie (z. B. Geschichte, Psalm, Hymne, Gedicht, Parabel, Epistel)?

Warum ist es wichtig, den historischen Kontext einer bestimmten Bibelstelle zu kennen (z. B. wer, was, wann, wo, wie, warum) oder ihren literarischen Kontext (z. B. im Vergleich mit ähnlichen Literaturarten im Alten Orient)?

Hinweise

[1]See Wesley's quotations from 2 Timothy 3:15b in "The Means of Grace" (1746, sermon 16), III.8, *Works* (Bicentennial ed.), 1:388. Cf. "On Family Religion" (1783, sermon 94), III.16, *Works* (Bicentennial ed.), 3:344.

[2]"The Imperfection of Human Knowledge" (1784, sermon 69), III.2, *Works* (Bicentennial ed.), 2:583.

[3]"Walking by Sight and Walking by Faith" (1788, sermon 119), §9, *Works* (Jackson ed.), 7:258.

[4]Gerald R. Cragg, *Reason and Authority in the Eighteenth Century* (Cambridge: Cambridge University Press, 1964), 160.

[5]Edward H. Sugden, introduction, *John Wesley's Fifty-three Sermons*, ed. Edward H. Sugden (Nashville: Abingdon, 1983), 7.

[6]*Notes upon the New Testament*, §7, quoted by Sugden, *John Wesley's Fifty-three Sermons*, 7–8.

[7]Preface to the Book of Joshua, *Notes upon the Old Testament*, 1:701.

[8]"The Imperfection of Human Knowledge" (1784, sermon 69), III.2, *Works* (Bicentennial ed.), 2:583.

[9]Mildred Bangs Wynkoop, "A Hermeneutical Approach to John Wesley," *Wesleyan Theological Journal* 6, no. 1 (1971): 21. Cf. Wynkoop's chapter on "A Hermeneutical Approach to Wesley" in her book *Theology of Love* (Kansas City: Beacon Hill, 1972), 76–101.

[10]R. Larry Shelton offers a helpful summary of Wesley's biblical hermeneutics in the article "John Wesley's Approach to Scripture in Historical Perspective," *Wesleyan Theological Journal* 16, no. 1

(1981): 41. Cf. preface, *Notes upon the Old Testament*, l:i–ix, and preface, §5, *Works* (Bicentennial ed.), 1:105–6.

[11]Shelton, "John Wesley's Approach to Scripture," 41.

[12]Preface, *Notes upon the Old Testament*, 1

[13]Shelton, "John Wesley's Approach to Scripture,"42. Cf. discussion of "literal interpretation" in Elliott E. Johnson, *Expository Hermeneutics: An Introduction* (Grand Rapids: Zondervan, 1990), esp. 9–11, 31–38, 87–96.

[14]Shelton, "John Wesley's Approach to Scripture," 42. Beispielsweise könnte sich Wesley auf die historischen Lehren der Erbsünde, der Rechtfertigung durch den Glauben, der Wiedergeburt und der inneren und äußeren Heiligkeit berufen, um schwierige Passagen der Heiligen Schrift zu interpretieren.

[15]Outler beschreibt Wesley als jemanden, der „zwei Prinzipien der Hermeneutik vertritt. Das erste ist, dass die Heilige Schrift ihr eigener bester Interpret ist; daher sollte die Auslegung jedes Teils von der ‚Analogie des Glaubens' (d. h. dem eigenen Verständnis des Ganzen) bestimmt werden. ... Das zweite ist, dass man immer mit einer wörtlichen Übersetzung beginnt und sich daran hält, es sei denn, sie führt zu einer offensichtlichen Absurdität; in diesem Fall sind Analogie und sogar Allegorie zulässige Optionen"; siehe *Works* (Bicentennial ed.), 1:473n22.

[16] Diese sechs Regeln fassen Arnetts Studie über Wesleys Ansatz zur Schriftauslegung zusammen. Siehe William M. Arnett, "John Wesley — Man of One Book" (Diss., Drew University, 1954), 89–96. Das Zitat

in Regel fünf stammt aus William R. Cannon, *Theology of John Wesley* (New York: Abingdon, 1946), S. 159.

[17]Zitate aus dem Brief "To Samuel Furly," 10 May 1755, *Letters* (Telford ed.), 3:129, and "Of the Church" (1785, sermon 74), I.12, *Works* (Bicentennial ed.), 3:51.

[18]Shelton, "John Wesley's Approach to Scripture," 42.

[19]"The Scripture Way of Salvation" (1765, sermon 43), §2, *Works* (Bicentennial ed.), 2:156.

[20]"On Corrupting the Word of God" (1727, sermon 137), *Works* (Jackson ed.), 7:470.

[21]"Popery Calmly Considered," 1.6, *Works* (Jackson ed.), 10:142.

[22]"An Address to the Clergy," 1.2, *Works* (Jackson ed.), 10:482.

[23]*Journal* (Curnock ed.), 1:471–72, §12, 24 May 1738.

[24]"The Witness of the Spirit, II" (1767, sermon 11), III.6, *Works* (Bicentennial ed.), 1:290.

[25]"The Case of Reason Impartially Considered" (1781, sermon 70), II.10, *Works* (Bicentennial ed.), 2:599. Outler weist darauf hin, dass Wesleys Verwendung des Zitats aus Sprüche 20:27 einen Slogan der Cambridge Platonists (Bicentennial ed.), 2:599n58.

[26]"The Case of Reason Impartially Considered" (1781, sermon 70), 1.6, *Works* (Bicentennial ed.), 2:592.

[27]"The Case of Reason Impartially Considered" (1781, sermon 70), 1.6, *Works* (Bicentennial ed.), 2:592.

[28]"A Plain Account of Christian Perfection,"§25, *Works* (Jackson ed.), 11:429.

KAPITEL 7
TRADITION: „WOLKE DER ZEUGEN"

John Wesley räumte der christlichen Tradition in seinen theologischen und geistlichen Schriften einen besonderen Stellenwert ein. Obwohl er in einer Zeit des zunehmenden Misstrauens gegenüber der Autorität der christlichen Tradition und der institutionellen Kirchen lebte, bekräftigte er deren Notwendigkeit für die theologische Methode. Im Vorwort zur ersten Gesamtausgabe seiner Werke (1771–74) erläuterte Wesley den Zweck der Ausgabe: „Ich lege ernsthaften und aufrichtigen Männern meine letzten und reifsten Gedanken vor, die, wie ich hoffe, mit der Heiligen Schrift, der Vernunft und dem christlichen Altertum übereinstimmen."[1] Mit „christlichem Altertum" bezog sich Wesley in erster Linie auf „die Religion der Urkirche, der gesamten Kirche in den reinsten Zeiten".[2] Er erklärte „die Religion der Urkirche" folgendermaßen:

> Es kommt selbst in den wenigen Überresten von Clemens Romanus, Ignatius und Polykarp deutlich zum Ausdruck. Ausführlicher ist es in den Schriften von Tertullian, Origenes, Clemens Alexandrinus und Cyprian. Und selbst im vierten Jahrhundert fand es sich in den Werken von Chrysostomus, Basilius, Ephräm von Syrus und Makarius. Es wäre leicht, eine ganze Reihe von

91

Zeugen für dasselbe zu benennen, wäre dies nicht ein Punkt, den niemand bestreiten würde, der auch nur die geringste Kenntnis der christlichen Antike besitzt.[3]

In dem oben genannten Zitat spielt Wesley auf Hebräer 12,1 an, wo die „Wolke" religiöser Vorfahren – Juden und Christen – gepriesen wird, die zur Entwicklung der Kirche beigetragen haben. Wesley würdigte auch diejenigen, die zur historischen Entwicklung der Kirche beigetragen haben, von der christlichen Antike bis hin zu den zeitgenössischen Zeugen des Evangeliums Jesu Christi.

Orthodoxe Tradition des Methodismus

Wesley wollte, dass seine Theologie und die methodistische Bewegung im Kontext jener christlichen Tradition gesehen werden, die dem wahren, biblischen Glauben am nächsten kommt. In seiner Predigt „Über die Grundsteinlegung der neuen Kapelle" ordnete Wesley den Methodismus in die orthodoxe Nachfolge des historischen Christentums ein und spiegelte die ältesten Berichte über Gottes Umgang mit den Menschen wider. Diese primitive oder „alte" Religion war der „Religion der Bibel" vorausgegangen; sie bestand aus

nichts anderes als die Liebe: die Liebe zu Gott und zur gesamten Menschheit; die Liebe zu Gott mit ganzem Herzen, ganzer Seele und ganzer Kraft, als hätte er uns zuerst geliebt, als Quelle allen Guten, das wir empfangen haben, und all dessen, was wir jemals zu genießen hoffen; und die Liebe zu jeder Seele, die Gott geschaffen hat, zu jedem Menschen auf Erden, als wäre es unsere eigene Seele.[4]

Die alte Religion – oder was Wesley anderswo als Herzensreligion bezeichnete – lässt sich in dieser „einen, umfassenden Bitte" zusammenfassen: „Reinige die Gedanken unserer Herzen durch die Eingebung deines Heiligen Geistes, damit wir dich vollkommen lieben und deinen heiligen Namen würdig preisen können."[5] Diese Worte beschreiben das Wesen von Gottes Umgang mit den Menschen im Laufe der Weltgeschichte. Wesley glaubte, dass sich wahres, echtes Christentum durch die gesamte Weltgeschichte ziehen ließe und dass der Methodismus tatsächlich die jüngste Ausprägung der „alten Religion" sei.[6]

Obwohl Wesleys gekürzte Fassung der orthodoxen Kirchengeschichte der anglikanischen Tradition und der methodistischen Bewegung wohlwollend gegenüberstand, offenbart sie Wesleys Verständnis von Religion und sein Bestreben, andere Ausprägungen des wahren, biblischen Christentums zu identifizieren. Er betrachtete das Studium der Kirchengeschichte als hilfreich, um alle spirituellen Wahrheiten des Lebens zu verstehen, wertzuschätzen und schließlich zu entdecken. Das folgende Diagramm spiegelt Wesleys Verständnis der Genealogie der wahren Religion wider:

„Alte Religion" ↓
Religion der Bibel ↓
Religion der Urkirche ↓
Religion der Kirche von England ↓
Methodismus

Wesley machte deutlich, dass die Geschichte der christlichen Tradition sowohl bei der Auslegung der Heiligen Schrift als auch bei der Entwicklung zentraler religiöser Überzeugungen, Werte und Praktiken eine entscheidende Rolle spielt. Zwar bekräftigte er die grundlegende religiöse Autorität der Heiligen Schrift. Doch beim Lesen der Heiligen Schrift erkannte Wesley, dass an scheinbar dunklen oder komplizierten Passagen leicht Zweifel aufkommen können. In solchen Fällen müssen wir relevante hermeneutische Verfahren zur korrekten Auslegung anwenden, nicht zuletzt einen Rückgriff auf das traditionelle kirchliche Textverständnis. Wesley sagte:

> Wenn noch Zweifel bestehen, frage ich diejenigen, die in den Dingen Gottes erfahren sind, und dann die Schriften, aus denen sie, obwohl tot, noch immer sprechen. Und was ich so lerne, das lehre ich.[7]

Einige, wenn auch sicherlich nicht alle, kirchlichen Traditionen enthalten sowohl biblisches Wissen als auch praktische Weisheit von Christen, die die Art echter Herzensreligion erlebten, die Wesley in ganz Großbritannien wiederbeleben wollte. Sorgfältig ausgewählte historische Schriften lieferten Wesley eine unschätzbare außerbiblische religiöse Autorität, die sein persönliches Leben und seinen Dienst theologisch prägte. Diese Schriften konnten das wahre Christentum bestätigen und fundierte Lehren zu Themen liefern, die in der Heiligen Schrift nicht explizit behandelt werden.

Trotz der Bedeutung der Tradition hielt Wesley sie weder für inspiriert noch für unfehlbar. So schätzte er beispielsweise die frühen Kirchenväter hoch ein und war der Meinung, dass sie „viele Fehler, viele schwache Annahmen und viele unzutreffende Schlussfolgerungen" machten.[8] Deshalb war er bei der

Auswahl und Anwendung der Kirchentradition sehr sorgfältig.

Geist der Katholizität

Wesleys offener „Brief an einen Katholiken" beweist, dass er einen Geist religiöser Katholizität (oder Universalität) und Ökumene besaß, der zu seiner Zeit ungewöhnlich war. Er ließ große theologische Flexibilität zu und verzichtete darauf, über unterschiedliche Meinungen zu unwesentlichen Aspekten des christlichen Glaubens zu streiten. In dem erwähnten Brief bemühte sich Wesley um eine gewisse Versöhnung mit den Katholiken und rief zu gegenseitigem Verständnis und Akzeptanz auf, ohne dabei wesentliche, orthodoxe Glaubenssätze zu vernachlässigen. Wesley sagte:

> Sind wir uns insoweit nicht einig [über das „wahre, ursprüngliche Christentum"]? Lasst uns Gott dafür danken und es als neues Zeichen seiner Liebe annehmen. Doch wenn Gott uns noch liebt, sollten wir uns auch gegenseitig lieben. Wir sollten uns, ohne dieses endlose Gezänk über Meinungen, gegenseitig zur Liebe und zu guten Werken anspornen. Lassen wir die Punkte beiseite, in denen wir unterschiedlicher Meinung sind; hier gibt es genug Übereinstimmungen, genug, um die Grundlage jeder christlichen Gesinnung und jedes christlichen Handelns zu bilden.[9]

Zwar war Wesley mit einigen Aspekten der römisch-katholischen Lehre nicht einverstanden. Doch er versprach, solche Einwände zu ignorieren, solange die Menschen die orthodoxen Lehren der ökumenischen Konzile der Antike akzeptierten und sich dann „gegenseitig zur Liebe und zu guten Werken anspornten"[10]

Wesley bezeichnete die doktrinäre Liberalität der methodistischen Disziplin positiv als etwas Einzigartiges unter Christen. Gegen Ende seines Lebens erklärte er, die Liebe erfordere von Methodisten, andere in ihre Gemeinschaft aufzunehmen, die Gott ebenfalls liebten, unabhängig von ihrer christlichen Zugehörigkeit, solange sie danach strebten, „Gott zu fürchten und Gerechtigkeit zu üben". Wesley sagte:

> Und um sie mit uns zu verbinden, verlangen wir keine Einheit in Meinungen oder Gottesdienstformen, sondern lediglich, dass sie „Gott fürchten und Gerechtigkeit üben", wie bereits erwähnt. Das ist etwas völlig Neues, unbekannt in jeder anderen christlichen Gemeinschaft. In welcher Kirche oder Gemeinde sonst in der christlichen Welt können Mitglieder unter diesen Bedingungen und ohne Bedingungen aufgenommen werden? Wer kann, möge mir eine solche nennen: Ich kenne keine in Europa, Asien, Afrika oder Amerika! Das ist der Ruhm der Methodisten, und nur ihrer![11]

Wesley hielt diese Liberalität nicht nur für einzigartig, sondern auch für entscheidend für seine Hoffnungen auf eine stärkere christliche Zusammenarbeit im Dienst und die Einheit der Kirchen. Die Aussage „Wir denken und lassen denken" verwendete Wesley ab 1745 häufig, um die theologische Liberalität der Methodisten zu beschreiben.[12] Dieses frühe Streben nach religiöser Großzügigkeit begleitete Wesleys Leben und Wirken.

Leider wird der Satz „Wir denken und lassen denken" von zeitgenössischen Wesley-Interpreten oft missverstanden und missbraucht. Er bezog diese Worte auf theologische Meinungen, also religiöse Überzeugungen, die für die christliche Orthodoxie als unwesentlich gelten. Wesley unterschied zwischen seiner Ansicht nach wesentlichen und unwesentlichen Lehren, ähnlich wie Luther und Philipp Melanchthon Adiaphora erlaubt hatten – Dinge, die die Heilige Schrift weder gebietet noch verbot und die daher in der Kirche im gegenseitigen Einvernehmen der Mitglieder entschieden werden konnten.[13] Nachdem Wesley zwischen Wesentlichem und Unwesentlichem unterschieden hatte, plädierte er für Liberalität gegenüber unwesentlichen Lehren.

Wesleys ungewöhnliche Freiheit, Vielfalt oder Pluralität auch im Unwesentlichen zu akzeptieren, rührte seiner Ansicht nach von der göttlichen Eingebung eines „katholischen Geistes" und einer „universellen Liebe" gegenüber allen Christen her.[14] Wesley sagte:

„Wenn es so ist, gib mir deine Hand." Ich meine nicht: „Sei meiner Meinung." Das brauchst du nicht. Ich erwarte und wünsche es nicht. Genauso wenig meine ich: „Ich werde deiner Meinung sein." Ich kann es nicht. Es hängt nicht von meiner Wahl ab. Ich kann ebenso wenig denken, wie ich sehen oder hören kann, was ich will. Behalte deine Meinung, ich meine; und zwar so standhaft wie immer. Du brauchst nicht einmal zu versuchen, zu mir herüberzukommen oder mich zu dir herüberzuziehen. Ich möchte nicht, dass du diese Punkte bestreitest oder ein Wort darüber hörst oder sprichst. Lass alle Meinungen beiseite, egal ob auf der einen oder anderen Seite. Nur: „Gib mir deine Hand."[15]

Dennoch verteidigte Wesley sein historisches und anglikanisches Erbe nachdrücklich und warnte diejenigen, die seiner Meinung nach die Substanz der klassischen christlichen Orthodoxie eher transformiert als übersetzt hatten. Outler bemerkt:

> Wer aus all dem jedoch schlussfolgert, Wesley sei den Fragen einer gesunden Lehre gleichgültig gewesen, missversteht ihn. Er hatte eine klare Auffassung von Häresie als Abweichung vom Kern der „beständigen Offenbarung" und zögerte nicht, Ansichten zu verurteilen, die diesen Kern bedrohten. ... Wenn dem Methodismus zu Recht theologische Indifferentismus vorgeworfen werden kann, so ist dies bei Wesley selbst nicht stichhaltig.[16]

Unterscheidung zwischen Traditionen

Eine Reihe von Faktoren trägt dazu bei, die wahre Tradition unter den vielen Traditionssträngen der Kirchengeschichte zu erkennen. Doch Wesley verwendete in erster Linie das, was er das große Prinzip des Christentums nannte. Er sagte:

> Ich stelle Folgendes als unzweifelhafte Wahrheit dar: Je mehr die Lehre einer Kirche mit der Heiligen Schrift übereinstimmt, desto bereitwilliger sollte sie angenommen werden. Und umgekehrt gilt: Je mehr die Lehre einer Kirche von der Heiligen Schrift abweicht, desto mehr Anlass haben wir, an ihr zu zweifeln.[17]

Die Heilige Schrift blieb die wichtigste religiöse Autorität zur Unterscheidung christlicher Glaubenssätze, Werte und Praktiken. Wesley betrachtete die Tradition nie als gleichwertig mit der

Heiligen Schrift. Die Tradition erwies sich als nützlich, da sie die kanonische Autorität des Alten und Neuen Testaments und die Art und Weise, wie sie den Inhalt der Botschaft des Evangeliums getreu interpretierte, vermittelte und anwandte, bewies.

Wesley betrachtete die Tradition als einen ungleichen Pool religiöser Autorität – und diese Ungleichmäßigkeit erklärt, warum die Heilige Schrift stets vorrangig bleiben muss. Er hielt die Heilige Schrift nicht für uneinheitlich; sie war durchweg zuverlässig und maßgebend. Indem man die Heilige Schrift als oberstes Prinzip oder Maßstab für die Verlässlichkeit der Tradition verwendete, konnte man sich vertrauensvoll auf sie berufen.

Wenn die Bedeutung einer aus der Heiligen Schrift abgeleiteten Idee unklar schien, glaubte Wesley, dass die Heranziehung der Tradition hilfreich sein könne, „um eine nicht ausreichend erläuterte Lehre zu erläutern oder eine allgemein anerkannte Lehre zu bestätigen".[18] Die Tradition verleihe den christlichen Glaubensansichten einen umfassenderen Sinn oder eine umfassendere Bedeutung, als dies die Heilige Schrift allein gewähre.

Sie bietet ausgereiftere und weiterentwickelte Auffassungen biblischer Wahrheiten, die nur durch gelebte Erfahrungen und deren intensive Reflexion entstehen können. Ein umfassendes Verständnis der Schriftauslegung bereichert und erhellt die Bedeutung eines Textes, solange es nicht der ursprünglichen Absicht der Schrift widerspricht. Schließlich soll die klassische Orthodoxie die Menschen zurück zur Schrift – in ihrer ganzen Botschaft – führen, anstatt sich von ihr zu entfernen.

Von anderen Traditionen lernen

Wesley schöpfte neben der von ihm bevorzugten christlichen Antike und der Church of England auch aus anderen kirchlichen Traditionen. Solange diese seinem Grundsatz der biblischen Orthodoxie entsprachen, konnte er sich frei fühlen, aus jedem Schriftsteller oder jeder religiösen Tradition zu schöpfen, die ihm Einblicke in sein theologisches Verständnis und seinen christlichen Lebensstil gewährte. In der Praxis schöpfte Wesley aus einer Vielzahl religiöser Traditionen.

Wesleys Synthese verschiedener Traditionen zu einer synergetischen theologischen Perspektive spiegelt sein Vertrauen in die Gesamtheit und Konsistenz seiner Theologie wider. Er sah keinen Widerspruch darin, aus verschiedenen christlichen Traditionen zu schöpfen, solange diese die Heilige Schrift grundlegend widerspiegelten. Aus Wesleys Sicht konnte eine umfassendere theologische Gestalt erreicht werden, indem man nicht provinziell war oder sich auf die Frage beschränkte, welche religiösen Quellen man für akzeptabel oder bedenkenswert hielt.

Man kann Wesley als den vollendeten theologischen Synthesizer des 18. Jahrhunderts betrachten. Ganz im anglikanischen Erbe, einen Mittelweg zwischen konkurrierenden Theologien zu schaffen, befand er sich zwei Jahrhunderte nach der Reformation in einer historisch strategischen Position, um das Beste aus katholischer, orthodoxer und protestantischer Theologie zusammenzuführen. Er konnte nicht nur Schrift, Tradition und Vernunft im Einklang mit der anglikanischen Methodik zusammenführen, sondern auch auf die christliche

Erfahrung zurückgreifen, wie sie sich beispielsweise im katholischen Geist der universellen Liebe als verbindendes Band wahrer Gläubiger findet. Wesley hielt es für möglich und notwendig, die verschiedenen Traditionen des Christentums zu einem stärker auf der Schrift basierenden und überzeugenden Ganzen zu verbinden.

Im Verständnis von Wesley können wir das Wachstum des Christentums mit dem systematischen Wachstum eines Baumes vergleichen. Der Baum des Glaubens speist sich aus verschiedenen Wurzeln und Nahrungsquellen, darunter Heilige Schrift, Tradition, Vernunft und Erfahrung. Während der Baum wächst, verzweigt er sich in Variationen des wesentlichen Kerns christlicher Glaubenssätze – der Urkirche, der frühesten und grundlegendsten Form des Glaubens –, der seinen Stamm bildet. Das Wachstum des Baumes ist jedoch nicht vollständig vorhersehbar. So wie Äste aus dem Stamm sprießen, wächst und wächst der Stamm mit der Zeit weiter. Das Wachstum des Baumes hängt nicht nur von der kontinuierlichen Nahrung aus den Wurzeln ab, sondern auch von der Energie, die aus den Ästen (und Blättern) gewonnen wird. Folglich dürfen diese Äste nicht einfach ignoriert werden, nur weil man ihre Anordnung nicht mag. Solange ein Ast nicht krank wird und den Rest des Baumes vergiftet, sollte er als Teil des Baumes betrachtet und sein Beitrag zum Wachstum des gesamten Baumes wertgeschätzt werden. Gott ist die Sonne, die ultimative Kraftquelle für Wachstum. Doch ein Baum wächst aus verschiedenen Nährstoffen, einschließlich des lebensspendenden Wassers des Heiligen Geistes, zu einem einzigartigen Leben heran, das seine besondere

Geschichte sowie erkennbare Baummuster systemischen Wachstums widerspiegelt.

Diese Baummetapher findet sich bei Wesley nicht explizit in der Beschreibung der Kirchengeschichte, hat aber eine biblische Parallele. Der Apostel Paulus sagte: „Ich habe gepflanzt, Apollos hat begossen, Gott aber hat das Wachstum bewirkt" (1. Korinther 3,6). Ich denke, die biblische Bildsprache hilft uns, Wesleys Verständnis davon zu verstehen, wie Christen und Kirchen im Laufe der Jahrhunderte wuchsen.

Um einen theologischen Weg der Mittel zu beschreiten, verzichtete Wesley auf allzu strenge Lehrnormen, die zu kompliziert werden könnten, um die authentischen Erkenntnisse der verschiedenen Zweige der christlichen Tradition zu integrieren und mit ihnen zu interagieren. Er vermied systematische Verkürzungen der christlichen Theologie und versuchte, einen theologischen und kirchlichen Kontext zu schaffen, in dem wahre, schrifttreue Christen vereint werden konnten. Der Nutzen von Wesleys Bemühungen liegt in einem katholischen, ökumenischen Geist, der Zusammenarbeit und Möglichkeiten für sichtbare Einheit zwischen verschiedenen christlichen Traditionen ermöglicht.

Diskussionsfragen

Was verstand Wesley unter Tradition? Wie verstand er ihre religiöse Autorität, insbesondere im Verhältnis zur Heiligen Schrift?

Wie hat die kirchliche Tradition Ihre christlichen Überzeugungen, Werte und Praktiken beeinflusst? Unabhängig davon, ob Sie einer christlichen Konfession oder einer Freikirche angehören, haben Sie eine religiöse Vergangenheit. Sollten Sie sich dessen bewusst sein? Warum?

Warum war es Wesley wichtig, zu glauben, dass die christliche (und kirchliche) Geschichte im Großen und Ganzen einer erkennbaren Vergangenheit folgte, die als Orthodoxie bezeichnet wird? Inwiefern ist die christliche Orthodoxie hilfreich und inwiefern nicht?

Wesley befürwortete einen katholischen (oder universellen) Geist, der schätzte, was man von anderen Christen und kirchlichen Traditionen lernen konnte. Warum könnte also ein katholischer Geist für uns heute wichtig sein?

Warum ist es wichtig, kritisch zu sein, wenn es darum geht, andere christliche Traditionen kennenzulernen und zu bewerten? Inwieweit ist Wesleys „großes Prinzip", die Glaubenssätze, Werte und Praktiken anderer auf der Grundlage der Heiligen Schrift zu betrachten, im Umgang mit anderen hilfreich – oder vielleicht auch nicht?

Was können wir Ihrer Meinung nach von anderen christlichen Traditionen lernen, auch von solchen, die nicht katholisch, orthodox oder protestantisch sind, oder von Christen aus anderen

Ländern? Was können Sie Ihrer Meinung nach insbesondere von anderen Christen lernen?

Hinweise

[1]Preface to the third edition, §4, *Works* (Jackson ed.), 1:iv.

[2]"On Laying the Foundation of the New Chapel" (1777, sermon 112), II.3, *Works* (Bicentennial ed.), 3:586.

[3]"On Laying the Foundation of the New Chapel" (1777, sermon 112), II.3, *Works* (Bicentennial ed.), 3:586.

[4]"An Earnest Appeal," §2, *Works* (Oxford ed.), 11:45, quoted by Wesley in "On Laying the Foundation of the New Chapel" (1777, sermon 112), II.1, *Works* (Bicentennial ed.), 3:585. Cf. "On Divine Providence" (1786, sermon 67), §18, *Works* (Bicentennial ed.), 2:543.

[5]Here Wesley quoted from the collect to "The Order for the Administration of the Lord's Supper, or Holy Communion" in the *Book of Common Prayer* in "On Laying the Foundation of the New Chapel" (1777, sermon 112), II.4, *Works* (Bicentennial ed.), 3:586. Cf. The Book of Common Prayer 1559, ed. John E. Booty (Charlottesville: University Press of Virginia, 1976), 248.

[6]See "On Laying the Foundation of the New Chapel" (1777, sermon 112), II.1–4, *Works* (Bicentennial ed.), 3:585–86.

[7]Preface, §5, "Sermons on Several Occasions," *Works* (Bicentennial ed.), 1:106.

[8]"To Dr. Conyers Middleton," 4 January 1749, III.11, *Letters* (Telford ed.), 2:387.

[9]"A Letter to a Roman Catholic," §16, *Works* (Jackson ed.), 10:85. Das interne Zitat stammt aus dem vorhergehenden Absatz in Wesleys Brief.

[10]"A Letter to a Roman Catholic," §16, *Works* (Jackson ed.), 10:85.

[11]"Prophets and Priests" (1789, sermon 121), §21, *Works* (Bicentennial ed.), 4:83–84.

[12]See *Journal* (Curnock ed.), 3:178, 29 May 1745. Cf. the following: "The Lord Our Righteousness" (1765, sermon 20), II.20, *Works* (Bicentennial ed.), 1:464; "The Nature of Enthusiasm" (1750, sermon 37), §36, *Works* (Bicentennial ed.), 2:59; "On the Death of George Whitefield" (1770, sermon 53), III.1, *Works* (Bicentennial ed.), 2:341; "On the Trinity" (1775, sermon 55), §2, *Works* (Bicentennial ed.), 2:376; "On the Wedding Garment" (1790, sermon 127), §14, *Works* (Bicentennial ed.), 4:145; and "The Character of a Methodist," §1, *Works* (Jackson ed.), 8:340.

[13]See "Scriptural Christianity" (1744, sermon 4), IV.4, *Works* (Bicentennial ed.), 1:175; "Upon our Lord's Sermon on the Mount, II" (1748, sermon 22), III.18, *Works* (Bicentennial ed.), 1:508; "On the Trinity" (1775, sermon 55), §§1– 2, *Works* (Bicentennial ed.), 2:374–76; "On Laying the Foundation of the New Chapel" (1777, sermon 112), II.10, *Works* (Bicentennial ed.), 3:588; and "On the Wedding Garment" (1790, sermon 127), §15, *Works* (Bicentennial ed.), 4:146. Cf. Richard A. Muller's discussion of *adiaphora* in his *Dictionary of Latin and Greek Theological Terms* (Grand Rapids: Baker, 1985), 25–26.

[14]"Catholic Spirit" (1750, sermon 39), III.4, *Works* (Bicentennial ed.), 2:94.

[15]"Catholic Spirit" (1750, sermon 39), II.1, *Works* (Bicentennial ed.), 2:89.

[16]See Outler, *Works* (Bicentennial ed.), 1:220n7.

[17]"The Advantage of the Members of the Church of England, Over Those of the Church of Rome," §1, *Works* (Jackson ed.), 10:133.

[18]Preface, "A Roman Catechism, Faithfully Drawn Out of the Allowed Writings of the Church of Rome. With a Reply Thereto," *Works* (Jackson ed.), 10:87.

KAPITEL 8
GRUND:
Vernünftigkeit der Religion

John Wesley legte großen Wert auf die Rolle der Vernunft in der Religion. Er sagte: „Für uns [Methodisten] ist es ein Grundprinzip, dass der Verzicht auf die Vernunft der Verzicht auf die Religion ist, dass Religion und Vernunft Hand in Hand gehen und dass jede irrationale Religion falsche Religion ist."[1] In „Ein ernster Appell an die Menschen der Vernunft und der Religion" behauptete Wesley, er schließe sich den „Männern der Vernunft" an, die „eine Religion wünschen, die auf der Vernunft beruht und ihr in jeder Hinsicht entspricht".[2] Er sagte: „Leidenschaft und Vorurteil regieren die Welt nur unter dem Namen der Vernunft. Es ist unsere Aufgabe, ihnen durch die Verbindung von Religion und Vernunft so gut wie möglich entgegenzuwirken."[3]

Wesley glaubte zutiefst an die letztendliche Rationalität wahrer Religion und an die Vernünftigkeit und Notwendigkeit der christlichen Botschaft für die Welt. Wesleys Appell an die Vernunft folgte oft dem Appell an die Heilige Schrift. Er verwendete gern die Formulierung „der einfache, der Heiligen Schrift entsprechende, rationale Weg", um Gottes Heilsplan darzustellen; jeder andere Weg erschien ihm als übertriebener Mystizismus oder als geistlose Form rationalistischer Religion.[4]

Bedeutung der Vernunft

Wesley betrachtete die menschliche Vernunft als wesentlichen Bestandteil der ursprünglichen Veranlagung des Menschen, zusammen mit seinen politischen und moralischen Fähigkeiten. Die Vernunft ist ein einzigartiges Geschenk Gottes; sie spiegelt Gottes Bild und Gleichnis wider (siehe Genesis 1,26-27). Gott lässt in seiner Gnade weiterhin zu, dass die Vernunft in bedeutender Weise funktioniert, obwohl die Sünde im moralischen Charakter der Menschen herrscht. Unsere rationalen Fähigkeiten reichen nicht an Gottes unendliche Vernunft heran, bleiben aber trotz der Befleckung durch menschliche Endlichkeit und Sünde weitgehend zuverlässig.

Wesleys großes Vertrauen in die Fähigkeit des Menschen, logisch zu denken, insbesondere in spirituellen Fragen, entspricht seinem anglikanischen theologischen Hintergrund. Die Kirche von England betrachtete die Vernunft als verbindendes Bindeglied zwischen Heiliger Schrift und Tradition, zwischen kontinentalem Protestantismus und römisch-katholischem Glauben.

Wesleys Einschätzung der Relevanz der Vernunft für das Christentum entwickelte sich mit zunehmender Reife seiner theologischen Reflexionen. Im Gegensatz zu seinen Ansichten zu Heiliger Schrift und Tradition, die in all seinen Schriften relativ unverändert blieben, unterlagen Wesleys Vorstellungen von Vernunft Veränderungen und Entwicklungen. So definierte er beispielsweise in seiner Predigt „Die Beschneidung des Herzens" von 1733 Glauben als „unerschütterliche Zustimmung zu allem, was Gott in der Heiligen Schrift offenbart hat".[5] Nach seiner Bekehrung 1738 bezog Wesley in seinen religiösen Ausführungen weiterhin Verweise auf die Rationalität des wahren christlichen Glaubens ein, obwohl sein Glaubensverständnis inzwischen weit über die reine Vernunft hinausging, beispielsweise die Bedeutung der Einbeziehung von Erfahrung als Teil der Vernünftigkeit von Religion.

In den 1780er Jahren räumte Wesley der Vernunft in seiner Theologie immer noch einen prominenten Platz ein, doch in seiner Einschätzung ihrer Macht war er bescheidener geworden. In seinem reifen Denken verfasste Wesley seine deutlichsten Predigten über das Wesen und die Rolle der Vernunft in der Religion in *The Case of Reason Impartially Considered and the Imperfection of Human Knowledge*. Vielleicht, so vermutet Albert Outler, wollte Wesley mit diesen beiden Predigten den Methodisten, die nicht mehr so schlicht waren wie in ihren früheren, bescheideneren Anfängen, „als Gegenmittel und Alternativen zu dem dienen, was Wesley als falschen Rationalismus betrachtete".[6] Vielleicht hatte Wesley über Englands wachsende Ernüchterung über die Macht der Vernunft und die Aufklärung in den letzten Jahrzehnten des 18. Jahrhunderts nachgedacht. Oder vielleicht wünschten sich Wesleys eigene reife Reflexionen über den religiösen Glauben eine ausgewogenere, öffentliche Stellungnahme, die die extremen Positionen vermied, die er sein Leben lang zu vermeiden versucht hatte.

Religiöses Wissen

Im Europa des 18. Jahrhunderts war die Aufklärung in vollem Gange, und Wesley kannte die intellektuellen Fragen seiner Zeit. Entsprach sein Verständnis von religiösem Wissen eher der intuitiven Tradition des christlichen Platonismus, der angeborenes oder intuitives Wissen über das Göttliche betonte, oder orientierte er sich eher an der experimentellen Tradition des christlichen Aristotelismus, der Erfahrungswissen über das Göttliche betonte? Obwohl Wesleyaner diese philosophische Frage noch immer diskutieren, denke ich, dass Wesleys Verständnis von religiösem Wissen eher von aristotelisch orientierten Christen, beispielsweise John Locke, inspiriert war. Obwohl Wesley von spirituellen Sinnen sprach, die intuitives Wissen zu vermitteln schienen, verwendete er hauptsächlich Kategorien wie Sinne, Erfahrung und Experiment im Allgemeinen und religiöses Wissen im Besonderen.

Betrachten wir beispielsweise Lockes Sichtweise verschiedener religiöser Aussagen über die Existenz Gottes und die Auferstehung der Toten. Manche religiösen Aussagen entsprechen der Vernunft und sollten ihr nicht widersprechen, wie etwa die Existenz eines einzigen Gottes. Andere religiöse Aussagen stehen möglicherweise über der Vernunft, da Gott uns genügend Wahrheit offenbart hat, wenn auch nicht die gesamte Wahrheit über göttliche Angelegenheiten. Locke sagte:

1. Vernunftgemäß sind solche Sätze, deren Wahrheit wir durch Untersuchung und Nachverfolgung unserer durch Sinneswahrnehmung und Reflexion gewonnenen

Vorstellungen entdecken und durch natürliche Deduktion als wahr oder wahrscheinlich erachten können. 2. Über der Vernunft stehen solche Sätze, deren Wahrheit oder Wahrscheinlichkeit wir nicht durch Vernunft aus diesen Prinzipien ableiten können. 3. Der Vernunft widersprechend sind solche Sätze, die mit unseren klaren und deutlichen Vorstellungen unvereinbar oder unvereinbar sind. So ist die Existenz eines Gottes vernünftig; die Existenz mehrerer Götter widerspricht der Vernunft; die Auferstehung der Toten steht über der Vernunft.[7]

Locke vertraute darauf, dass die Vernunft in ihrem Wirkungsbereich viel bewirken würde. Wesley war beeindruckt und orientierte sich in weiten Teilen seines Denkens an Lockes erkenntnistheoretischer Weltanschauung, die charakteristisch für den britischen Empirismus war.

In Bezug auf die natürliche Theologie (auch als allgemeine Offenbarung bekannt) Gottes sagte Wesley, wir hätten keine angeborenen Vorstellungen. Er behauptete vielmehr, wir hätten erfahrungsbasiertes Wissen über die Existenz Gottes. Wesley sagte:

Wenn Gott tatsächlich (wie manche behaupten) jeder menschlichen Seele eine Vorstellung von sich eingeprägt hätte, müssten wir sicherlich etwas von diesen und seinen anderen Eigenschaften verstanden haben; denn wir können nicht annehmen, dass er uns eine falsche oder unvollkommene Vorstellung von sich eingeprägt hätte. Doch die Wahrheit ist, dass kein Mensch jemals eine solche Vorstellung in seiner Seele gefunden hat oder findet. Das Wenige, das wir von Gott wissen (außer dem, was wir durch die

Inspiration des Heiligen empfangen), erlangen wir nicht durch einen inneren Eindruck, sondern erlangen es allmählich von außen. „Das Unsichtbare Gottes", wenn es überhaupt bekannt ist, „erkennt man an den Werken"; nicht an dem, was Gott in unsere Herzen geschrieben hat, sondern an dem, was er in alle seine Werke geschrieben hat.[8]

Wesley glaubte, dass wir aus der geschaffenen Welt auf Gottes Existenz schließen oder sie ableiten, vergleichbar mit den Aussagen des Psalmisten über religiöses Wissen (Psalm 19,1-2). Anhand von Variationen kosmologischer und teleologischer Argumente, wie sie John Locke, Peter Browne und die katholische Tradition verwendeten, glaubte Wesley, dass die Welt und ihre Ordnung – ihre weitreichenden Hinweise auf einen Plan – die Existenz Gottes bewiesen.

Er argumentierte, dass „die gesamte Schöpfung davon spricht, dass es einen Gott gibt"[9] und „zusammen mit seiner Existenz, all seinen Eigenschaften oder Vollkommenheiten, seiner Ewigkeit … seiner Allgegenwart, seiner Allmacht … seiner Weisheit [sind] klar aus den sichtbaren Dingen, aus der guten Ordnung des Universums abgeleitet."[10] Er behauptete, dass wir von der Existenz Gottes so sicher wissen, wie wir selbst existieren. Wesley sagte:

> Doch gegen alles, was über die Allgegenwart Gottes gesagt wird oder werden kann, hat die Welt einen großen Einwand: Sie kann ihn nicht sehen. Und genau hierin liegt die Wurzel all ihrer anderen Einwände. Unser Herr bemerkte schon vor langer Zeit: „Den kann die Welt nicht empfangen, weil sie ihn nicht sieht." Ist es nicht leicht zu antworten: „Kannst du den Wind sehen?"

114

Du kannst ihn nicht. Aber leugnest du deshalb seine Existenz oder seine Gegenwart? Du sagst: „Nein, denn ich kann ihn mit meinen anderen Sinnen wahrnehmen." Aber mit welchem deiner Sinne nimmst du deine Seele wahr? Sicherlich leugnest du weder deren Existenz noch ihre Gegenwart! Und doch ist sie nicht Gegenstand deines Blicks oder irgendeines deiner anderen Sinne. Es genügt also zu bedenken, dass Gott ein Geist ist, wie auch deine Seele. Folglich „hat ihn kein Mensch gesehen noch kann er ihn sehen" – mit Augen aus Fleisch und Blut.[11]

Wie Locke postulierte Wesley die Existenz Gottes analog zum Argumentieren für die eigene Existenz, verwendete dabei jedoch weniger formale Argumente. Man könnte Wesley so interpretieren, dass er eher vom Standpunkt des gesunden Menschenverstands aus argumentierte, was mit seiner Absicht übereinstimmt, „einfache Wahrheit für einfache Leute" zu sprechen und sich „aller netten und philosophischen Spekulationen" zu enthalten.[12]

Wesley glaubte, dass Menschen nicht nur Gottes Existenz anerkennen, sondern auch aus der Schöpfung Erkenntnisse über menschliche Unmoral, einen zukünftigen Zustand und das Gericht gewinnen können. Wesley sah in dieser Sichtweise weder eine Bedrohung der biblischen Offenbarung noch der Orthodoxie, wie Kritiker der klassischen natürlichen Theologie vielleicht protestieren würden. Er ließ nicht zu, dass die klassische natürliche Theologie den Reichtum der göttlichen Offenbarung, wie er in der Heiligen Schrift zu finden ist, absorbierte oder davon ablenkte.

Gott spüren

Wesley sprach vom Glauben als einem „geistigen Sinn", der nur von Gott gegeben sei, beschrieb den „natürlichen Menschen" aber auch als „in einem Zustand tiefen Schlafs; seine geistigen Sinne sind nicht wach: Sie erkennen weder geistig Gut noch Böse."[13] Wesley verstand diese Frage wahrscheinlich nicht in Entweder-oder-Kategorien. Für ihn mündeten solche Fragen in einer Sowohl-als-auch-Weltanschauung, die ein synergetisches Verständnis davon beinhaltet, wie Gott Begegnungen mit Menschen initiiert und wie Menschen auf Gottes Initiative reagieren müssen. Daher haben unsere Empfindungen oder Gefühle, uns innerlich Gottes bewusst zu sein, sowohl transzendente als auch verhaltensbezogene Qualitäten, die beobachtet werden können.

Sicherlich hätte Wesley die transzendente, wenn auch objektive Dimension unserer Begegnung mit Gott betont. Doch er hätte nicht geleugnet, dass solche Begegnungen psychologische, subjektive und andere kontextuelle Auswirkungen auf das Leben eines Gläubigen haben. Schließlich finden Begegnungen mit Gott in einem Kontext statt, der von einer Vielzahl biologischer, verhaltensbezogener und kultureller Einflüsse geprägt ist.

Wesleys Vorstellung vom „natürlichen Menschen" (oder von natürlichen Personen) war, dass dieser stets über eine Art vorbeugender oder vorausschauender Gnade verfügte.[14] Beispielsweise bezeichnete Wesley das Gewissen der Menschheit – das alle Menschen besitzen, ob Christen oder Nichtchristen – als Ausdruck der vorausschauenden

Gnade Gottes.[15] Doch wie kann ein natürlicher Mensch wirklich natürlich genannt werden, wenn er stets im Besitz göttlicher Gnade ist? In gewisser Weise können wir sagen, dass für Wesley zwar theoretisch das Konzept eines „natürlichen" Menschen existierte, empirisch jedoch kein rein natürlicher Mensch.[16] Denn alle Menschen erfahren die Gegenwart der göttlichen Gnade – beispielsweise in Form ihres Gewissens, unabhängig davon, ob sie Christen geworden sind oder nicht. Wesley unterschied zwar zwischen einem natürlichen und einem spirituellen Menschen, doch der natürliche Mensch hatte das Wirken der Gnade Gottes in seinem Leben nicht völlig verloren. Durch den Heiligen Geist wirkte Gott stets präventiv im Leben der Menschen, sodass ihnen eine ständige Präsenz fehlte, die sie tröstete, führte und ihnen Kraft gab, während sie in Zusammenarbeit mit Gottes Gnade synergetisch reagierten.

Eine wichtige Konsequenz all dessen war für Wesley, dass niemand für seine Sünden unentschuldbar bleibt. Alle Menschen erfahren die Überzeugung von ihrer Sünde durch das zuvorkommende Wirken der Gnade Gottes in ihrem Leben, in ihrem Gewissen. Trotz des Sündenfalls und der damit verbundenen Sünde gewährt Gott den Menschen ausreichend Freiheit, Gottes Initiative in ihrem Leben anzunehmen oder abzulehnen. So argumentierte Wesley, dass alle Menschen „einige große Wahrheiten kennen, wie das Wesen Gottes und den Unterschied zwischen moralisch Gut und Böse", weil Gott „in gewissem Maße ‚jeden erleuchtet hat, der in die Welt kommt'", und ihr Wissen wird durch „die

Spuren von ihnen [großen Wahrheiten] ..., die in allen Nationen gefunden werden", bestätigt.[17]

So können christliche Gläubige einen deutlichen, göttlichen „Eindruck" (und die darauf folgende Gewissheit) wahrnehmen oder erfahren, „in Gottes Gunst zu stehen".[18] Wesley bestand nicht darauf, den Begriff „Eindruck" zu verwenden, und er äußerte die Hoffnung, dass jemand „einen besseren [Begriff] finden könnte, sei es ,Entdeckung', ,Manifestation', ,tiefes Gefühl' oder was auch immer."[19] Es ging ihm nicht darum, jede erdenkliche Frage im Zusammenhang mit der Art und Weise, wie Gott den Menschen die Wahrheit einprägt, philosophisch oder theologisch zu lösen.

Grenzen der Vernunft

Wesley appellierte so weit wie möglich an die Vernunft, war sich jedoch ihrer Grenzen bewusst. Diese Grenzen wurden in Wesleys späteren Werken expliziter anerkannt als in früheren Phasen seines Lebens und Wirkens. Zweifellos veranlassten die Missbräuche des Rationalismus (z. B. des logischen Denkens) unter seinen Zeitgenossen der Aufklärung und unter den Methodisten selbst Wesley dazu, einige Grenzen der Vernunft klarzustellen. Ich erwähnte bereits, dass Wesley in seinen Jahren vor Aldersgate wie folgt argumentierte: „Glaube ist eine Art von Überzeugung, und Glaube wird definiert als ,Zustimmung zu einer Aussage auf rationaler Grundlage'. Ohne rationale Gründe gibt es daher keinen Glauben und folglich auch keinen Glauben."[20] Nach Beginn der Erweckung beanspruchte Wesley in den Appeals weiterhin voller Überzeugung die

Vernunft als religiöse Autorität. Obwohl die Vernunft niemals Glauben hervorbringt, hielt Wesley sie für in der Lage, das Leben des Glaubens zu regeln. Dennoch kritisierte er zunehmend diejenigen, die seiner Meinung nach unangemessene, überzogene Ansichten über die Autorität der Vernunft hatten.

So wies Wesley beispielsweise wiederholt auf Probleme des deistischen Rationalismus hin, den er als Abweichung von der wahren Vernunft betrachtete. In den 1750er Jahren erkannte und thematisierte Wesley weitere Standpunkte, die seiner Meinung nach die Vernunft überbewerteten. In den 1780er Jahren, als Wesley die Predigten „Der Fall der unparteiisch betrachteten Vernunft" und „Die Unvollkommenheit des menschlichen Wissens" schrieb, bekräftigte er zwar weiterhin die fortdauernde Rolle der Vernunft in der Theologie, warnte aber deutlich vor ihrem Missbrauch. Wesley sagte:

> Lass die Vernunft alles tun, was sie kann; setze sie so weit ein, wie sie kann. Aber erkenne zugleich, dass sie völlig unfähig ist, Glauben, Hoffnung oder Liebe zu schenken und folglich weder wahre Tugend noch greifbares Glück hervorzubringen. Erwarte diese von einer höheren Quelle, nämlich vom Vater der Geister allen Fleisches.[21]

Die Vernunft blieb für Wesleys gesamte theologische Aufgabe von wesentlicher Bedeutung, doch niemand hielt sie für ausreichend, um die göttliche Wahrheit zu erkennen. Selbst im Hinblick auf die Existenz Gottes, die nach Wesleys Überzeugung alle Menschen aus der Schöpfung ableiten, können wir Gottes Existenz weder endgültig und zweifelsfrei beweisen noch Gott bis zur Vollkommenheit erforschen. Um die Einheit und Unendlichkeit Gottes zu verstehen, müssen wir uns letztlich auf die Erkenntnis Gottes verlassen, wie sie in der Heiligen Schrift offenbart wird.

Wahre Vernunft kennt ihre Grenzen. Indem wir die Grenzen der Vernunft erkennen, lernen wir mehr über Demut und Glauben (und persönliches Vertrauen) in Gott. Letztlich brauchen wir Glauben, um das, was ewige Bedeutung hat, ausreichend zu verstehen, nämlich das Wissen, das uns zu Gott und zur Erlösung führt. Für Wesley verkörperte Glaube immer noch die große Erkenntnis Gottes und alles, was unsere Erlösung betrifft. Doch Glaube repräsentierte auch die Art und Weise des Erkenntnisprozesses.

In gewisser Weise begriff Wesley Glauben als ein Mittel oder einen Prozess des Wissens, der an sich Wissen darstellt. Glaube kann dann rational verstanden und kommuniziert werden, ähnlich wie wir anderes Wissen verstehen und kommunizieren, auch wenn wir die Dynamiken des Glaubens und des persönlichen Vertrauens in Gott möglicherweise nicht vollständig verstehen. Andererseits war Wesley der Ansicht, dass keine Philosophie vollständiges und endgültiges Wissen enthält, da die menschliche Situation endlich ist, ganz zu schweigen von den durch die Sünde verursachten Verzerrungen. Er wollte insbesondere reduktionistisches Denken vermeiden, das erkenntnistheoretische Fragen allein mit der Vernunft zu lösen versucht. Stattdessen dachte Wesley, dass Heilige Schrift, Tradition und Erfahrung neben der Vernunft notwendige Kontrollmechanismen für eine wahre, biblische und experimentelle Religion sind.

Diskussionsfragen

Inwiefern war Wesley der Ansicht, dass sich Glaube und Vernunft ergänzen? Wie wichtig war die Vernunft (z. B. Logik, kritisches Denken) für Wesley als religiöse Autorität?

Obwohl einige Wesleyaner Gelehrte argumentieren, dass Wesley angeborenes oder intuitives Wissen über Gott bejahte, warum ist es wichtig zu verstehen, wie religiöses Verständnis seiner Ansicht nach experimentell durch unseren Geist, unseren Körper und unsere Erfahrungen vermittelt wird?

Akzeptierte Wesley Argumente für die Existenz Gottes? Warum hielt er kosmologische (z. B. Kausalität) und teleologische (z. B. Design) Argumente für überzeugend?

Was meinte Wesley mit dem Spüren oder Fühlen Gottes? Wie kann das Bewusstsein von Gottes Gegenwart ermutigend sein? Inwiefern können spirituelle Empfindungen und Gefühle irreführend sein, wenn sie unkritisch akzeptiert werden? Wie können wir sie erkennen?

Warum ist die vorausgehende Gnade wichtig, um zu verstehen, wie Gott in und durch unser Leben wirkt? Was bedeutet es für Menschen, synergetisch auf Gottes Gnade zu reagieren, um Gottes Handeln anzunehmen (oder abzulehnen)?

Wie sprach Wesley über die Grenzen der Vernunft? Was konnte die Vernunft laut Wesley nicht leisten? Wie kann die Vernunft Christen heute in die Irre führen?

Hinweise

[1]"To Dr. Rutherford," 28 March 1768, *Letters* (Telford ed.), 5:364.

[2]"An Earnest Appeal," §28, *Works* (Oxford ed.), 11:55.

[3]"To Joseph Benson," 5 October 1770, *Letters* (Telford ed.), 5:203.

[4]"The Nature of Enthusiasm" (1750, sermon 37), §26, *Works* (Bicentennial ed.), 2:55.

[5]"The Circumcision of the Heart" (1733, sermon 17), I.7, *Works* (Bicentennial ed.), 1:405. Wesleys Definition spiegelt noch immer das rationalistisch geprägte Glaubensverständnis wider, das er bereits zuvor in einer Reihe von Briefen an seine Mutter vertreten hatte. Siehe Wesleys Briefe "To Mrs. Susanna Wesley," 29 July 1725 and 22 November 1725, *Works* (Oxford ed.), 25:173–76, 186–89.

[6]Outler, an introductory comment to "The Imperfection of Human Knowledge" (1784, sermon 69), *Works* (Bicentennial ed.), 2:568.

[7]John Locke, *Essay Concerning Human Understanding*, 2 vols., ed. Alexander Fraser (New York: Dover, 1894), 2:412–13.

[8]"The Imperfection of Human Knowledge" (1784, sermon 69), §4, *Works* (Bicentennial ed.), 2:571.

[9]"A Farther Appeal," III.21, *Works* (Oxford ed.), 11:268.

[10]"Upon our Lord's Sermon on the Mount, VI" (1748, sermon 26), III.7, *Works* (Bicentennial ed.), 1:580–81.

[11]"On the Omnipresence of God" (1788, sermon 118), II.8, *Works* (Jackson ed.), 7:242.

[12]Preface, §3, "Sermons on Several Occasions," *Works* (Bicentennial ed.), 1:104.

[13]"The Spirit of Bondage and of Adoption" (1746, sermon 9), I.1, *Works* (Bicentennial ed.), 1:251.

[14]With regard to prevenient grace, see "The Means of Grace" (1746, sermon 16), II.1, *Works* (Bicentennial ed.), 1:381; "Sermon on the Mount" (1748, sermon 23), III.8, *Works* (Bicentennial ed.), 1:526; "The Scripture Way of Salvation" (1765, sermon 43), I.2, *Works* (Bicentennial ed.), 2:156-157; and "On Working Out Our Own Salvation" (1785, sermon 85), II.1, and II.4, *Works* (Bicentennial ed.), 203-4, 207.

[15]See "On Conscience" (1788, sermon 105), *Works* (Bicentennial ed.), 3:479-90.

[16]For example, see "The New Birth" (1760, sermon 45), II.4, *Works* (Bicentennial ed.), 2:192-3; and "On Living without God" (1790, sermon 130), §6, *Works* (Bicentennial ed.), 4:171.

[17]"On Working Out Our Own Salvation" (1785, sermon 85), III.4, *Works* (Bicentennial ed.), 3:199. Cf. "Walking by Sight and Walking by Faith" (1788, sermon 119), §§7-8, *Works* (Jackson ed.), 7:258.

[18]"To Joseph Benson," 21 May 1781, *Letters* (Telford ed.), 7:61.

[19]"To Joseph Benson," 21 May 1781, *Letters* (Telford ed.), 7:61.

[20]"To Mrs. Susanna Wesley," 29 July 1725, *Works* (Oxford ed.), 25:175. Mitsuo Shimizu stellt fest, dass Wesley die extreme Position vermieden hat, das Christentum zu einer Wissenschaft zu machen: „Wesley findet: ‚Ich habe einen Fehler gemacht, als ich mich an die Definition von Glauben hielt, die Dr. Fiddes als die einzig wahre festlegt' [*Letters*, 1:24]. Dr.

Fiddes' Zustimmungstheorie, die ‚Wissenschaft ebenso wie Glauben umfasst', ist ‚nur ein Teil der Definition' von Glauben, da Glaube, sagt Wesley, ‚von allen Seiten als von Wissenschaft verschieden anerkannt wird' [ebd., 1:25]. Glaube als rationale Form der Erkenntnis kann nicht so klar und deutlich bewiesen werden wie die Wissenschaft. Dies führt Wesley dazu, neben den Beweisen der Vernunft auch die Beweise der Heiligen Schrift als Quelle religiöser Wahrheiten zu betrachten" (Mitsuo Shimizu, "Epistemology in the Thought of John Wesley" (Diss., Drew University, 1980), 17–18).

[21]"The Case of Reason Impartially Considered" (1781, sermon 70), II.10, *Works* (Bicentennial ed.), 2:600.

KAPITEL 9
ERFAHRUNG, TEIL 1:
ECHTE RELIGIÖSE AUTORITÄT

Viele betrachten Wesleys Erkenntnisse über die Erfahrung als religiöse Autorität als einen seiner größten Beiträge zur Entwicklung der christlichen Theologie. Er strebte zwar nicht danach, theologisch innovativ zu sein, war aber der Erste, der die Erfahrungsdimension des christlichen Glaubens explizit in seine theologische Weltanschauung einbezog. Schon in seinen frühesten theologischen Schriften, den „Predigten über verschiedene Gelegenheiten", versuchte Wesley, „diejenigen, die gerade erst ihren Blick zum Himmel richten (und die, da sie wenig mit den Dingen Gottes vertraut sind, eher vom Weg abgebracht werden), vor Formalitäten, vor bloßer äußerer Religion zu bewahren, die die Herzensreligion fast aus der Welt vertrieben hat."[1]

Wesley befürchtete, dass einige seiner methodistischen Anhänger und auch andere Christen einer Art spirituell toter Orthodoxie verfallen könnten, die nichts von der lebendigen Kraft und Vitalität einer persönlichen Beziehung zu Gott durch Jesus Christus aufwies. So begann Wesley beispielsweise seine kurze Abhandlung „Gedanken zum Methodismus" mit folgendem Absatz:

> Ich fürchte nicht, dass die Methodisten jemals aussterben werden, weder in Europa noch in Amerika. Aber ich fürchte, sie könnten nur noch als tote Sekte existieren, mit der Form einer

Religion ohne deren Macht. Und das wird zweifellos der Fall sein, wenn sie nicht an der Lehre, dem Geist und der Disziplin festhalten, mit denen sie ursprünglich begonnen haben.[2]

Aus Angst vor einem Rückfall in diese wiederkehrende Form konzeptualistischer Orthodoxie (und möglicherweise starrer Scholastik) bemühte sich Wesley um eine gesündere, ganzheitlichere Sicht auf die Erfahrungsdimension des christlichen Glaubens. Er betrachtete dies nicht als theologische Neuerung. Die bestätigende Kraft der Erfahrung, so argumentierte er, sei für das Leben des wahren Gläubigen unerlässlich. Die Wahrheit der Heiligen Schrift erfahre sich im wirklichen Leben. Indem Wesley jedoch die entscheidende Rolle der Erfahrung, insbesondere der religiösen, anerkannte, ergänzte er die bestehende anglikanische Bekräftigung von Schrift, Tradition und Vernunft konstruktiv um die Erfahrung als wesentliche religiöse Autorität.

Experimentelle Religion

Indem Wesley seinen theologischen Ansatz als experimentell bezeichnete, meinte er im Allgemeinen, dass Religion mit Erfahrung verbunden ist oder auf ihr basiert – Erfahrung, die mehr umfasst als nur unser konzeptionelles Verständnis von Schrift und Tradition. Natürlich basiert Theologie dann nicht primär auf Erfahrung; die Schrift bleibt die primäre Quelle religiöser Autorität. Theologie sollte jedoch auf Experimenten beruhen oder daraus abgeleitet werden, die jeden potenziellen Aspekt religiöser Autorität prüfen, einschließlich Erfahrung im Allgemeinen und religiöser Erfahrung im Besonderen.

Jeder von uns wägt bewusst oder unbewusst die gesammelten Beweise für und gegen den religiösen Glauben ab. Wir bejahen oder verwerfen dann das, was am besten mit den Beweisen übereinstimmt, glauben oder nicht. Auch wenn wir glauben, dass Gottes zuvorkommende Gnade diese Entscheidung erleichtert und sogar initiiert, bleibt im Glaubensakt ein Element echter menschlicher Beteiligung.

Wesley glaubte, dass die Wahrheiten der Heiligen Schrift in der Erfahrung bestätigt werden (oder eschatologisch bestätigt werden). Folglich müssen wir auf das reagieren, was Gott historisch durch die Heilige Schrift und gegenwärtig durch das Wirken des Heiligen Geistes offenbart hat. Obwohl die bestätigende Rolle der Erfahrung insbesondere die Heilsgewissheit betrifft, betrifft sie auch andere Wahrheiten der Heiligen Schrift und Lehren des orthodoxen Christentums.

Bei Wesley sehen wir, dass die Entwicklung der Theologie das Ergebnis von Bemühungen unter kontrollierten Bedingungen war, die darauf abzielten, die Wahrheiten der Religion zu entdecken. Die kontrollierten Bedingungen oder experimentellen Methoden mögen zwar nicht systematisch konzipiert oder rigoros angewendet worden sein, doch waren sie vorhanden und beeinflussten seine religiösen und geistlichen Erkenntnisse maßgeblich. Wesley bemühte sich bewusst, ein Konzept des Christentums zu formulieren, das angesichts aller Belege vernünftig, jedoch weder durch Vernunft noch durch Erfahrung erkenntnistheoretisch legitimiert war. Dabei bemühte er sich, dem Christentum seine in der biblischen

Offenbarung begründete spirituelle Vitalität nicht zu nehmen.

Nachdem Wesley in den Predigten bei mehreren Gelegenheiten seine Absicht erklärt hatte, „die wahre, schriftgemäße, experimentelle Religion" vorzustellen, warnte er vor zwei Gefahren für die Herzensreligion.[3] Wir haben bereits gesehen, dass beide Gefahren in der Tendenz liegen, die konzeptionelle, formale Dimension des religiösen Glaubens auf Kosten der affektiven, vitalen Dimension der christlichen Erfahrung zu überbetonen, die eine persönliche, interaktive und liebevolle Beziehung zu Gott einschließt.

Empirisches und Erfahrungswissen

Die experimentelle Religionswissenschaft beschäftigt sich mit empirischem (im Sinne von öffentlich beobachtbarem) und erfahrungsbasiertem (im Sinne von privat beobachtbarem) Wissen. Obwohl Wesley diese Kategorien nicht verwendet, verdeutlichen sie doch die Subtilität seiner Erfahrungstheologie.[4]

Empirisches Wissen beruht auf Erfahrung, Beobachtung, Fakten, Empfindungen, Wahrnehmungen, Praxis, konkreten Situationen und realen Ereignissen. Es ist a posteriori Wissen, das aus Sinneserfahrungen gewonnen wird und in der Regel öffentlich bewertbar ist. Ein Beispiel für empirisches Wissen sind die Argumente der klassischen natürlichen Theologie für die Existenz Gottes. Dazu gehören auch Zeugnisse und Wunderberichte christlicher Gläubiger aus Vergangenheit und Gegenwart. Diese Beispiele beziehen sich auf

Erfahrungen, bei denen kein direktes Gefühl oder ein direkter Eindruck der Gegenwart Gottes auftritt oder zumindest die Intensität des Gottesbewusstseins tendenziell weniger ausgeprägt ist. Dennoch dienen sie als potenzielle Beweise für kumulative Argumente zur Vernünftigkeit des christlichen Glaubens.

Erfahrungswissen beruht auf Verständnis, Erkenntnissen oder Informationen, die aus persönlichen oder zwischenmenschlichen Sinneserfahrungen stammen. Es steht im Gegensatz zur empirischen Erfahrung, die auf Empfindungen, Wahrnehmungen oder Beobachtungen menschlicher Erfahrungen beruht. Erfahrungswissen entsteht durch Introspektion, Selbstanalyse, private Bewusstseinszustände und andere Mittel. Es ist jedoch nicht dasselbe wie a priori Wissen, das aus der Vernunft ohne Bezug auf Sinneserfahrungen gewonnen wird.[5] Vielmehr ist Erfahrungswissen aus Wesleys Perspektive untrennbar mit Sinneserfahrungen verbunden, nicht jedoch mit den Arten empirischer Erfahrungen, die leicht öffentlich kommunizierbares und bewertbares Wissen liefern.

Persönliche Erfahrungen sind schwer öffentlich zu kommunizieren und zu bewerten, da sie so individuell sind, dass andere ihre Bedeutung nicht vollständig erfassen können. Sie sind meist nur für die Person oder Personen bedeutsam, die sie erleben. So ist es beispielsweise nicht immer möglich, zu artikulieren, warum man jemanden liebt und einen anderen hasst oder warum man sich so und nicht anders verhält. Diese Schwierigkeiten gelten insbesondere für religiöse Erfahrungen, bei denen eine direkte Wahrnehmung oder ein Eindruck von Gott entstehen kann – jenem persönlichen Wesen, dessen Existenz unsere Fähigkeit übersteigt, sie allein durch empirische Erfahrung zu verifizieren.

Heute sprechen wir über die Kontextualität menschlichen Wissens und wie unser Wissen von unserer Situation, also unserer persönlichen, soziokulturellen Situiertheit, beeinflusst wird. Situiertheit umfasst viele mögliche Dimensionen: Rasse, Ethnizität, Geschlecht, Klasse, Kultur, Sprache und Politik. Sie könnte auch psychologische Dimensionen umfassen, mit denen Wesley im 18. Jahrhundert noch nicht vertraut war, beispielsweise Psychologie, Psychoanalyse usw. All diese Dimensionen beeinflussen potenziell das Verständnis empirischer und erfahrungsbasierter Daten. Obwohl Wesley unsere zeitgenössische Sicht auf menschliches Wissen nicht teilte, war er sich der Herausforderungen bewusst, die das Denken und Sprechen über spirituelle und transzendente Themen in einer physischen und endlichen Welt mit sich bringt.

Obwohl der Erkenntnisprozess die persönliche Beteiligung des Erkennenden erfordert, ist er nicht rein psychologisch oder subjektiv, da wir tatsächlich mit objektiven, wenn auch manchmal verschleierten Realitäten in Berührung kommen. In diesem Zusammenhang argumentiert Richard Brantley, dass Wesleys:

> Die Analogie der Proportionalität [zwischen physischen und spirituellen Sinnen] verhalf Wesley zu der Annahme, dass das Gefühl ein theologisch befriedigender Ersatz für das philosophisch Gesehene sei – dass der Intellekt, da er von dem, was die Sinne zu sagen haben, überzeugt bleibt, auch darauf vertraut, dass

Emotionen nicht illusionär, sondern spirituell wahrheitsgetreu sind, d. h. einer religiösen Tatsache entsprechen.[6]

Wesley glaubte daher, dass Christen tatsächlich bestimmte erfahrungsmäßige Begegnungen mit Gott und die Erlösung ihres Lebens durch Gott erleben könnten.

Wesley erkannte die Schwierigkeit, zu artikulieren, wie Christen behaupten, durch Erfahrung Gott und die spirituellen Wahrheiten, die Gottes Erlösung betreffen, zu kennen. Obwohl er sich im Allgemeinen nicht zu philosophischen Spekulationen veranlasst fühlte, versuchte Wesley, seinen Rückgriff auf Erfahrungswissen zu erklären. Diese Erklärung erschien in den frühen Jahren der methodistischen Erweckung, vor allem in „An Earnest Appeal", „A Farther Appeal" und späteren Schriften, die die Kritik an seiner Verwendung von Erfahrung als religiöser Autorität widerlegten. Wir haben bereits gesehen, wie Wesley seine Ideen entlang der aristotelischen Logik und der Lockeschen Philosophie entwickelte und wie Peter Browne – ein Zeitgenosse Wesleys – die Methode des Experimentierens erweiterte, um Dimensionen religiöser Erfahrung einzubeziehen, die über empirische Sinnesdaten hinausgehen.[7]

In „An Earnest Appeal" erfahren wir, wie Wesley Brownes Ideen in seiner Analogie zwischen den natürlichen und geistigen Sinnen weiterentwickelte. Man ging davon aus, dass diese Sinne den Menschen ausreichend Daten oder Ideen liefern, um wahre Schlussfolgerungen über „die Dinge Gottes" zu ziehen.[8] Natürliche Sinne nehmen empirische Daten wahr, die Vorstellungen über die physische Welt vermitteln. In dieser Hinsicht funktionierte Wesleys Konzeption der natürlichen Sinne auf die gleiche Weise, wie Locke seine Philosophie des empirischen Wissens begründete.

Ebenso nehmen die geistigen Sinne Erfahrungsdaten religiöser Natur wahr, die uns Vorstellungen über die geistige Welt vermitteln. In dieser Hinsicht glaubte Wesley, nicht nur den Bibelstellen, die sich mit geistigem Sehen und Hören befassen (z. B. Epheser 1,18; vgl. Hebräer 3,7.15; 11,27), gerecht zu werden, sondern auch den zeitgenössischen wissenschaftlichen und philosophischen Fortschritten in der Erkenntnistheorie. Wesley hielt sich sogar für induktiver, da er allgemein anerkannte, nicht-empirische Erfahrungen berücksichtigt hatte, die zum religiösen Verständnis beitragen. Leider wurden die von Gott im Menschen geschaffenen geistigen Sinne laut Wesley durch die Sünde entstellt. Ohne „den Beweis der Dinge, die man nicht sieht"[9,] glaubte Wesley, könne niemand hoffen, richtig über Dinge zu urteilen, die Gott betreffen. Seine Ansichten zum Thema der natürlichen und geistigen Sinne fasste Wesley wie folgt zusammen:

> Sie wissen ebenfalls, dass es, bevor Sie sich ein wahres Urteil darüber bilden können, unbedingt notwendig ist, dass Sie eine klare Auffassung von den Dingen Gottes haben und dass Ihre Vorstellungen davon alle fest, deutlich und bestimmt sind. Und da unsere Vorstellungen nicht angeboren sind, sondern alle ursprünglich unseren Sinnen entspringen müssen, ist es sicherlich notwendig, dass Sie Sinne haben, die in der Lage sind, Objekte dieser Art zu erkennen – nicht nur die sogenannten „natürlichen Sinne", die in dieser Hinsicht nichts nützen, da sie völlig

unfähig sind, Objekte geistiger Art zu erkennen, sondern geistige Sinne, die geübt sind, um geistig Gut und Böse zu unterscheiden. Sie müssen das hörende Ohr und das sehende Auge haben, ausdrücklich so genannt; dass in Ihrer Seele eine neue Klasse von Sinnen geöffnet wurde, die nicht von Organen aus Fleisch und Blut abhängig sind, um „Beweis für Dinge zu sein, die nicht gesehen werden", so wie Ihre körperlichen Sinne für sichtbare Dinge, um die Zugänge zur unsichtbaren Welt zu sein, um geistige Objekte zu erkennen und um Ihnen Vorstellungen von dem zu vermitteln, was das äußere „Auge nicht gesehen und das Ohr nicht gehört hat."[10]

Wesley glaubte, dass Gott allen Menschen Gnade schenkt, damit sie einen Glauben entwickeln können, der unsere spirituellen Sinne, Gott zu hören, zu sehen und zu spüren, aktiviert und fördert. Aus Wesleys Sicht reinigt der Glaube die Menschen also nicht nur von der Sündenschuld, sondern hilft ihnen auch, ihr Verständnis für die Dinge Gottes zu erneuern.

Christliche Erfahrung

Obwohl Wesleys Glaubenskonzept die Vernunft ergänzte, glaubte er, dass Glaube auf religiösen Erfahrungen beruht und nicht allein eine Frage der Vernunft ist. Indem er die Erfahrungsdimension des religiösen Glaubens bekräftigte, wollte er wiederkehrende rationalistische Tendenzen formaler, dogmatischer Religion vermeiden.

Wesley versuchte auch, den Glauben am anderen Extrem als eine Art Mystizismus oder

„Enthusiasmus" zu vermeiden, der ihm manchmal vorgeworfen wurde. Er mochte keine exotischen religiösen Erfahrungen. Er fürchtete Menschen, die Gefühle überbewerteten, weshalb er dem Thema „Das Wesen des Enthusiasmus" eine ganze Predigt widmete. Er erkannte jedoch, dass trotz mancher Exzesse in den Berichten von Menschen über ihre Gotteserfahrungen eine unvermeidliche Variabilität (oder Situiertheit) im Wirken des Heiligen Geistes in Menschen blieb. Daher sollte der Prüfstein für die Wahrheit eines Zeugnisses nicht allein auf Gefühlen beruhen. Die angemessene Methode, „die Geister zu prüfen" (z. B. 1. Johannes 4,1), sollte Kriterien aus der Heiligen Schrift, der Tradition und der Vernunft sowie aus der Erfahrung umfassen.

Wesleys Glaubenskonzept spiegelt mehrere Elemente anderer Traditionen wider: erstens die historische katholische Betonung der intellektuellen Bestätigung (*assensus*) des Inhalts klassischer orthodoxer Glaubensinhalte, zu denen auch die Heilige Schrift gehört; zweitens das reformatorische Konzept des persönlichen Vertrauens (*fiducia);* und drittens ein dynamisches, synergetisches Element, das Gottes Initiative bei der Glaubensvergabe und der Verantwortung der Menschen, gerecht zu denken und treu zu handeln, Raum gibt. Dieses Glaubensverständnis findet sich in einem Brief Wesleys an „John Smith". Wesley schrieb:

> Ich glaube, (1.) dass die rationale Zustimmung zur Wahrheit der Bibel ein Bestandteil des christlichen Glaubens ist. (2.) dass der christliche Glaube eine moralische Tugend ist, in dem Sinne, in dem Hoffnung und Nächstenliebe ihren Ursprung haben. (3.) dass die Menschen größte

Aufmerksamkeit und Fleiß aufbringen sollten, um ihn zu erlangen. Und doch (4.) dass diese, wie jede christliche Gnade, im eigentlichen Sinne übernatürlich ist, ein unmittelbares Geschenk Gottes, das er gewöhnlich durch die von ihm bestimmten Mittel gewährt.[11]

Gott wirkt im Leben der Menschen im Allgemeinen und der Christen im Besonderen vor und ermöglicht ihnen, gemeinsam mit Gottes Geist Glaube, Hoffnung und Liebe aufzubauen. So kann jeder gläubige Christ Gewissheit über seine persönliche Beziehung zu Gott und über Gottes Heil für sein Leben erfahren.

Wie steht es um die Glaubwürdigkeit der Glaubenszeugnisse anderer? Können wir hinsichtlich ihrer Glaubensberichte dieselbe Gewissheit haben? Mitsuo Shimizu weist darauf hin, dass Wesley keine unfehlbare Gewissheit bei der Beurteilung der Zeugnisse anderer vorschlug, sondern sich häufig für die Wahrheit des Christentums und christlicher Glaubenssätze auf der Grundlage der von ihnen beschriebenen Glaubenserfahrungen aussprach. Obwohl wir die Glaubwürdigkeit ihrer Zeugnisse nicht mit Sicherheit beurteilen können, können wir uns ihrer Aussagen einigermaßen sicher sein, nachdem wir die Konsistenz ihrer Zeugnisse und die daraus resultierende Lebensqualität, die sich in ihren Einstellungen und Handlungen ausdrückt, geprüft haben. Wenn das Zeugnis einer Person experimentell untersucht und in Übereinstimmung mit der Heiligen Schrift, den Beiträgen der Kirche und kritischem Denken ausreichend verifiziert wurde, ist es sinnvoll, solche Zeugnisse als wahr und als Beweis für die Wahrheit des Christentums zu betrachten.

Diskussionsfragen

In welchem Sinne betrachtete Wesley die Erfahrung als religiöse Autorität? In welchem Verhältnis steht diese Autorität zur primären Autorität der Heiligen Schrift? Der Tradition? Der Vernunft?

Ist es hilfreich, zwischen empirischen Daten (z. B. aus Naturwissenschaften, Verhaltenswissenschaften) und Erfahrungsdaten (z. B. persönlichen und religiösen Erfahrungen) zu unterscheiden? Obwohl beide Unterscheidungen Informationen liefern, wie sollten sie hinsichtlich ihrer Zuverlässigkeit und Anwendbarkeit bewertet werden?

So wie Wesley versuchte, das, was man über die empirische Welt lernen kann, mit dem, was man über die spirituelle Welt lernen kann, in Einklang zu bringen, wie gelingt Ihnen das heute? Glauben Sie, dass es heutzutage schwieriger oder einfacher ist, die empirische und spirituelle Dimension des Lebens in Einklang zu bringen?

Inwieweit spricht die Heilige Schrift Ihrer Meinung nach über geistige Sinne? Inwiefern ist es hilfreich (oder nicht hilfreich), über geistige Sinne zu sprechen?

Wie sollten Christen die Zeugnisse von Menschen über persönliche Begegnungen mit Gott oder die Behauptungen, Gott habe zu ihnen gesprochen, betrachten? Wesley glaubte zwar an die Gegenwart und das Wirken des Heiligen Geistes, doch wie warnte er uns davor, das Gesagte für bare Münze zu nehmen? Wie sollten Christen solche spirituellen Dinge beurteilen?

Beeindruckt Sie Wesleys Offenheit gegenüber christlichen Zeugen religiöser Erfahrungen außerhalb seiner protestantischen Tradition? Welche Christen, die nicht zu Ihrem religiösen Hintergrund gehören, könnten Ihnen etwas beibringen?

Hinweise

[1] Preface, §6, "Sermons on Several Occasions," *Works* (Bicentennial ed.), 1:106.

[2] "Thoughts upon Methodism," *Works* (Jackson ed.), 13:258.

[3] Preface, §6 "Sermons on Several Occasions," *Works* (Bicentennial ed.), 1:106. Die beiden Drohungen lauteten: „Die Religion außerhalb des Glaubens hat die Herzensreligion fast aus der Welt vertrieben; und zweitens, diejenigen zu warnen, die die Religion des Herzens kennen, den Glauben, der durch die Liebe wirkt, damit sie nicht irgendwann durch den Glauben das Gesetz außer Kraft setzen und so wieder in die Schlinge des Teufels fallen."

[4] Die Verwendung dieser Kategorien sollte nicht als unnötige Dualismus-Projizierung Wesleys verstanden werden. Er unterschied nicht klar zwischen verschiedenen Erfahrungsarten, was zu Verwirrung im Verständnis seiner Theologie führte. Dennoch scheint es in seinen Schriften eine implizite Unterscheidung zwischen empirischen und erfahrungsbezogenen Dimensionen der Erfahrung zu geben. Für die Analyse wird diese Unterscheidung dazu beitragen, Aspekte seiner Theologie zu klären.

[5] Manche bezeichnen *apriorisches* Wissen als begriffliches Wissen, also abstraktes, nicht auf Erfahrung beruhendes Wissen. Begriffliches Wissen steht im Gegensatz zu empirischem und erfahrungsbasiertem Wissen, das unterschiedliche Grade persönlicher Beteiligung am Erkenntnisprozess erfordert. Empirisches Wissen umfasst persönliche Erfahrungen, die relativ leicht zu kommunizieren sind,

während erfahrungsbasiertes Wissen solche umfasst, die relativ schwer zu kommunizieren sind, sofern persönliche Erfahrungen überhaupt kommuniziert werden können.

[6]Richard E. Brantley, *Locke, Wesley, and the Method of English Romanticism* (Gainesville, FL: University of Florida Press, 1984), 46.

[7]Lockes Einfluss auf Wesleys Theologie wurde durch die Schriften Peter Brownes angeregt und erweitert. Wesley studierte Brownes *Procedure, Extent, and Limits of Human Knowledge* (1728) und kürzte es später für sein mehrbändiges Werk *Natural Philosophy*. Siehe Clifford Hindley, "The Philosophy of Enthusiasm: A Study in the Origins of 'Experimental Theology,'" *London Quarterly and Holborn Review* 182 (1957): 108, cf. 99-109. Cf. Brantley, 30, cf. 27-102.

[8]See "An Earnest Appeal," §31, *Works* (Bicentennial ed.), 11:56: „Wir erlauben daher nicht nur, sondern ermahnen alle, die nach wahrer Religion streben, die ganze Vernunft, die Gott ihnen gegeben hat, bei der Erforschung der Dinge Gottes zu gebrauchen. Doch euer richtiges Denken, nicht nur in diesem, sondern in jedem anderen Thema, setzt voraus, dass ihr bereits wahre Urteile gebildet habt, auf denen ihr eure Argumentation stützen könnt. Sonst werdet ihr auf Schritt und Tritt stolpern, denn *ex falso non sequitur verum* – es ist unmöglich, aus falschen Prämissen wahre Schlussfolgerungen zu ziehen."

[9]Wesley zitierte diesen Vers aus Hebräer 11:1 oft. Zweimal diente er als zentrale Bibelstelle in seinen Predigten: "On the Discoveries of Faith" (1788, sermon 117), *Works* (Bicentennial ed.), 4:29, and "On Faith,

Heb. 11:1" (1788, sermon 132), *Works* (Bicentennial ed.), 4:188.

[10]"An Earnest Appeal," §32, *Works* (Oxford ed.), 11:56–57.

[11]"To 'John Smith'," 28 September 1745, III.11, *Works* (Oxford ed.), 26:157.

KAPITEL 10
ERFAHRUNG, TEIL 2:
ARTEN VON ERFAHRUNGEN

Wesley diskutierte Erfahrungen auf vielfältige Weise: sozial und persönlich, physisch und spirituell. Seine Diskussionen fanden lange vor der anerkannten Erforschung menschlicher Erfahrungen durch moderne Natur- und Verhaltenswissenschaften statt, beispielsweise in Psychologie, Soziologie, Anthropologie usw. Sie befanden sich noch in der Anfangsphase, doch Wesley profitierte nicht von ihrer Forschung. Ebenso wenig war er mit den Herausforderungen reduktionistischer Interpretationen menschlichen Lebens, Kultur und Religion konfrontiert – einer Erklärung auf wissenschaftlicher Grundlage. Höchstwahrscheinlich hätte Wesley sich einem solchen reduktionistischen Denken widersetzt, da er glaubte, dass die Wahrheit des Lebens und der Religion mehr als nur Erfahrung erfordert; sie erfordert die Heilige Schrift, kirchliche Tradition und Vernunft.

Wesley war theologisch bahnbrechend, indem er Erfahrung in die Bestimmung christlicher Glaubenssätze, Werte und Praktiken einbezog. Er sprach dabei manchmal von äußeren und inneren Erfahrungen. Dies ist ein guter – wenn auch bescheidener – Ausgangspunkt, um Wesleys

Verständnis und Wertschätzung von Erfahrung als religiöser Autorität darzustellen. Daher werde ich meine Diskussion verschiedener Erfahrungsarten mit dieser Unterscheidung Wesleys beginnen. Ich werde auch auf sein Bewusstsein für die Grenzen der Erfahrung eingehen. Obwohl Wesley Erfahrung als eine echte religiöse Autorität betrachtete, wusste er, dass sie Grenzen hatte, und so blieb Erfahrung – neben Tradition und Vernunft – der primären religiösen Autorität der Heiligen Schrift untergeordnet.

Äußere Erfahrungen

Wesley bekräftigte die Argumente der klassischen natürlichen Theologie hinsichtlich der Beweise für die Existenz Gottes. Er glaubte, dass empirische Daten überzeugende Beweise für die Existenz Gottes lieferten. So berief sich Wesley in seinen Schriften beispielsweise auf Variationen der kosmologischen und teleologischen Argumente. In *A Farther Appeal to Men of Reason and Religion* schlug er Formen kosmologischer Argumentation vor, indem er bekräftigte, dass die Existenz Gottes durch Beweise in der Welt und ihren Geschöpfen bewiesen sei.

An anderer Stelle äußerte sich Wesley mutig zur allgemeinen Offenbarung Gottes, die wir durch die Sinneswahrnehmung erlangen. Er berief sich auf eine Variante des teleologischen Arguments, als er sagte: „Zusammen mit seinen [Gottes] Eigenschaften oder Vollkommenheiten, seiner Ewigkeit ..., seiner Allgegenwart, seiner Allmacht ... und seiner Weisheit [lassen sich] klar aus dem Sichtbaren, aus der wohlgeordneten Ordnung des Universums, ableiten."[1]

Die Ordnung des Universums – sein erkennbarer Plan – bewies die Existenz Gottes.

Wesley glaubte auch an außergewöhnliche oder wundersame Ereignisse als Beweis für die Wahrheit des Christentums. Diese Argumente sind Variationen des teleologischen Arguments (d. h. des Absichtsarguments), da sie auf Daten oder Erfahrungen verweisen, die laut Wesley eine intelligente Ursache zu ihrer Erklärung benötigen. So betrachtete er beispielsweise die Wunder Jesu – insbesondere die Auferstehung – als deutliche Zeichen für Jesu göttliche Messianität und den übernatürlichen Ursprung der von ihm verkündeten Wahrheiten.[2]

Wesley akzeptierte Wunder zwar in bestimmten Fragen als religiöse Autorität, doch nicht willkürlich für alle Aspekte des christlichen Glaubens und der christlichen Praxis. Er verlangte, dass Wunderbeweise sorgfältig geprüft und Wunderberichte gründlich untersucht werden – so wie jede andere religiöse Autorität rational und experimentell analysiert werden muss. Solche außergewöhnlichen Ereignisse müssen im Hinblick auf Schrift, Tradition und Vernunft als eine Reihe erkenntnistheoretischer Kontrollen und Abwägungen bewertet und korreliert werden. Als Wesley beispielsweise gebeten wurde, für sein Amt wundersame Zeugnisse vorzulegen, antwortete er:

> Was soll man Ihrer Meinung nach durch Wunder beweisen? Dass die Lehren, die wir predigen, wahr sind? So lässt sich das nicht beweisen. (Wie unsere ersten Reformatoren den Vertretern der römisch-katholischen Kirche antworteten, die, wie Sie sich wahrscheinlich erinnern, sie ständig mit genau dieser Forderung drängten.) Wir beweisen die

Lehren, die wir predigen, durch die Heilige Schrift und die Vernunft und, wenn nötig, durch das Altertum.[3]

Wesley machte deutlich, dass einige Aspekte des religiösen Glaubens nicht auf der Grundlage von Wundern entschieden werden sollten, schon gar nicht allein aufgrund von Wunderbehauptungen, so wie Jesus sich weigerte, für die ungläubigen Massen Wunder zu vollbringen (Matthäus 12,38–41). Wesley sagte: „Es ist daher völlig unvernünftig und absurd, den Beweis von Wundern in Fragen oder dergleichen zu verlangen oder zu erwarten, die immer durch Beweise ganz anderer Art entschieden werden."[4]

Wesley erkannte zwar die Bedeutung außergewöhnlicher oder wundersamer Ereignisse für das Verständnis religiöser Überzeugungen an, doch dienten sie eher der Bestätigung von Wahrheiten, die vor allem in der Heiligen Schrift begründet lagen. Dennoch war die Bestätigung solcher religiösen Erfahrungen ein relevanter Bestandteil einer durch und durch experimentellen Methodik und sollte nicht als bloßer Teil einer alten, abergläubischen Weltanschauung abgetan werden. Eine wirklich experimentelle Methodik wird Wunderberichte nicht einfach deshalb abtun, weil sie modernen wissenschaftlichen Vorlieben widersprechen. Vielmehr muss man so objektiv wie möglich bleiben, indem man methodisch offen für hinreichend umfassende Untersuchungen ist, um die Glaubwürdigkeit angeblicher Wunder – sowohl vergangener als auch gegenwärtiger – zu beurteilen.

Innere Erfahrungen

Wir wenden uns nun von empirisch orientiertem, beobachtbarem und bewertbarem Wissen ab und wenden uns dem eher erfahrungsorientierten Wissen zu, das in meiner Beschreibung Wesleys eine entscheidende Rolle in dessen experimentellem Religionsverständnis spielte. Erfahrungswissen umfasst Erfahrungen, die ein direktes Bewusstsein oder einen Eindruck von Gott vermitteln, der nicht so leicht beobachtbar und bewertbar ist. Diese Art von Erfahrung – insbesondere religiöse Erfahrung – vermittelt einem Menschen ein Gefühl von Verständnis oder Einsicht, das eher durch Selbstbeobachtung, Selbstanalyse oder private Bewusstseinszustände bewertet wird, die durch die Person und das Wirken des Heiligen Geistes als lehrreich gelten.

Obwohl solche Erfahrungen die persönliche Beteiligung des Erkennenden an Erkenntnisprozessen erfordern, machen sie dieses Verständnis nicht zwangsläufig subjektiv. Sie sind auch nicht rationalistisch als angeborene oder intuitive Ideen zu verstehen, was Wesley ablehnte. Im Gegenteil, Erkenntnisprozesse erfordern ein gewisses Maß an persönlicher Beteiligung am Erkenntnisprozess; sie sind ein kontextueller Aspekt menschlichen Wissens. Nach Wesley sind religiöse Erfahrungen weder willkürlich noch passiv, sondern ein verantwortungsvolles Handeln des Menschen, das durch Gottes zuvorkommende Gnade ermöglicht wird. Erkenntnis, die aus einer persönlichen, erfahrungsbasierten Begegnung mit Gott gewonnen wird, ist objektiv im Sinne der Herstellung eines

Kontakts mit einer realen, wenn auch verborgenen Wirklichkeit. Wesley zufolge ist die Fülle der Wirklichkeit Gottes und seiner Erlösung unseren natürlichen Sinnen verborgen, nicht jedoch unseren spirituellen Sinnen. Diese Sinne wurden von Gott in uns geschaffen und können nun durch seine Gnade reaktiviert werden, um der Verzerrung dieser spirituellen Sinne durch die menschliche Endlichkeit und die Auswirkungen der Sünde entgegenzuwirken. Mit dem durch den Kontakt mit Gott gewonnenen Erfahrungswissen ist das Potenzial für zukünftige religiöse Erkenntnisse – die uns heute vielleicht unvorstellbar erscheinen – grenzenlos. Solche spirituellen Forschungen sind kein Werk oder Verdienst menschlichen Ursprungs; sie stellen vielmehr die synergetische Zusammenarbeit der Menschen mit Gottes zuvorkommender Gnade dar, ermöglicht durch die fortwährende Gegenwart und das Wirken des Heiligen Geistes.

Die theologische Rolle der Erfahrung lässt sich anhand mehrerer Beispiele veranschaulichen. Im Folgenden werden zwei Beispiele untersucht, die für Wesley besonders wichtig waren: Bekehrung und Heilsgewissheit.

Konvertierung

Bekehrungen geschehen auf vielfältige Weise. Wesley war an Bekehrungen gewöhnt, die sich über einen längeren Zeitraum erstreckten, meist im Rahmen der Kirche. Doch die Erfahrung mit spontanen Bekehrungen stellte Wesleys theologisches Verständnis in Frage.

Erfahrungswissen war für Wesley maßgeblich und lieferte ihm umfassende Einblicke in sein religiöses Verständnis. So stritt er sich beispielsweise in einem Brief mit seinem Vater über Fragen der Heiligkeit und erklärte: „Erfahrung ist tausend Gründe wert."[5] Schon vor seinem Aldersgate-Erlebnis verlangte Wesley mehr als nur biblische Beweise für Lehren, insbesondere für die, die sich auf die unmittelbare Natur der Rechtfertigung durch Glauben bezogen. In seinem *Tagebuch* beschreibt Wesley, wie er zum Glauben an die unmittelbare Bekehrung kam. Er hatte bezweifelt, dass Bekehrungen unmittelbar erfolgen, obwohl die Heilige Schrift darauf hinzuweisen schien. Anfangs klammerte sich Wesley an die Erfahrung als Verteidigung gegen die Heilige Schrift, doch er konnte den „lebenden Zeugen" nicht lange widerstehen.[6] Er traf einen Menschen nach dem anderen, der augenblicklich Vergebung und die Gewissheit der Erlösung erfahren hatte. Er war so überzeugt von seinem Unglauben, dass er sein Leben Gott völlig übergab und anschließend die herzerwärmende Gewissheit seiner gnädigen Gegenwart erfuhr. Schließlich konnte er sagen, dass diese Erlösung „durch deine und meine Erfahrung bestätigt wird."[7]

Diese persönlichen Hinweise auf religiöse Erfahrungen in Wesleys Leben verdeutlichen deren langfristige methodologische Bedeutung als religiöse Autorität. Sie halfen ihm, auf die unmittelbaren theologischen Bedürfnisse seines persönlichen Lebens und seines Dienstes an anderen zu reagieren. Methodisch betrachtete Wesley die Trennung von spiritueller Wahrheit und Erfahrungswahrheit als untrennbar. Oberflächlich verstandene Erfahrung konnte natürlich irreführend sein, doch Wesley glaubte, dass wahrhaft verstandene Erfahrung – mit Hilfe anderer religiöser Autoritäten – die Wahrheit der Heiligen Schrift bestätigen würde. In gewisser Weise betrachtete Wesley alle Wahrheit als Gottes Wahrheit, und daher müsse man offen sein für religiöse Erkenntnisse, die durch Erfahrung zugänglich sind.

Heilsgewissheit

Für Wesley war die Bekehrung neben der Heilsgewissheit einer der beiden wichtigsten Wege, auf denen Gläubige Gottes unmittelbar erfahren. Wesley verbrachte sein Leben damit, die Heilsordnung (*ordo salutis*) zu analysieren und zu beschreiben; in seinen Predigten, Tagebüchern und Briefen beschreibt er über hundert konkrete Bekehrungserlebnisse.[8]

Wesley gelangte in seinen Untersuchungen zu dem Schluss, dass es „unüberbrückbare Unterschiede im Wirken des Heiligen Geistes auf die Seelen der Menschen" gebe. [9] Wie lassen sich darüber hinaus die kontextuellen Unterschiede zwischen den Gotteserfahrungen der Menschen, die auf unterschiedliche Persönlichkeiten, Hintergründe und soziokulturelle Unterschiede zurückzuführen sind, angemessen erklären? Man darf nicht jedes Detail einer religiösen Bekehrung oder einer religiösen Erfahrung dogmatisch interpretieren.

Die Gewissheit der Erlösung beschrieb Wesley oft als das Zeugnis des Geistes. Manchmal geschieht dieses Zeugnis gleichzeitig mit der religiösen Erfahrung der Bekehrung, manchmal erst später. Wesley behandelte dieses Thema insbesondere in zwei

Predigten: „Das Zeugnis des Geistes, I" und „Das Zeugnis des Geistes, II". Er beschrieb das Zeugnis des Heiligen Geistes wie folgt:

> Doch was ist das Zeugnis des Geistes Gottes, das diesem [Zeugnis unseres eigenen Geistes] hinzugefügt und damit verbunden ist? Wie bezeugt er unserem Geist, dass wir Kinder Gottes sind? Es ist schwer, in der menschlichen Sprache Worte zu finden, um die „tiefen Dinge Gottes" zu erklären. Tatsächlich gibt es keine, die angemessen ausdrücken könnten, was die Kinder Gottes erfahren. Aber vielleicht könnte man sagen (und würde von denen, die von Gott belehrt sind, wünschen, den Ausdruck zu korrigieren, abzumildern oder zu verstärken): Das Zeugnis des Geistes ist ein innerer Eindruck auf die Seele, wodurch der Geist Gottes meinem Geist direkt bezeugt, dass ich ein Kind Gottes bin; dass Jesus Christus mich geliebt und sich für mich hingegeben hat; und dass alle meine Sünden ausgelöscht sind und ich, ja ich, mit Gott versöhnt bin.[10]

Parallel zu diesem Zeugnis des Geistes gibt laut Wesley der eigene Geist den Christen durch ihr Gewissen Zeugnis davon, dass sie durch die von Jesus Christus angebotene Erlösung mit Gott versöhnt sind. Sie können dann ein spirituelles Bewusstsein verspüren, das Wesley folgendermaßen beschrieb:

> Dies ist das Zeugnis unseres Geistes, ja, unseres Gewissens, dass Gott uns gegeben hat, heilig im Herzen und heilig im äußeren Wandel zu sein. Es ist das Bewusstsein, dass wir im und durch den Geist der Adoption die im Wort Gottes erwähnten Eigenschaften seiner Adoptivkinder empfangen haben; ein liebendes Herz gegenüber Gott und der ganzen Menschheit; mit kindlichem Vertrauen auf

Gott, unseren Vater, vertrauend, nichts als ihn begehrend, all unsere Sorgen auf ihn werfend und jedes Menschenkind mit aufrichtiger, zärtlicher Zuneigung umarmend. – Das Bewusstsein, dass wir durch den Geist Gottes innerlich dem Bild seines Sohnes gleichgestaltet sind und dass wir vor ihm in Gerechtigkeit, Barmherzigkeit und Wahrheit wandeln und tun, was ihm gefällt.[11]

Später sagte Wesley, dass Christen „sich mit nichts Geringerem zufrieden geben können als mit dem direkten Zeugnis seines Geistes, dass er ,ihrer Ungerechtigkeit gnädig ist und ihrer Sünden und Missetaten nicht mehr gedenkt'."[12] Diese Erfahrung ist das Privileg aller Gläubigen. Sie geschieht vor dem Zeugnis unseres eigenen Geistes, geht aber mit der Frucht des Geistes einher.[13] Das Zeugnis unseres eigenen Geistes oder Bewusstseins und die tatsächliche Veränderung in unserem Leben – die Manifestation der Frucht des Geistes – liefern zusätzliche Beweise für die Realität Gottes, für seine Erlösung und für all seine Wahrheit, wie sie uns durch die Heilige Schrift offenbart wird.

Wesley kam zu dem Schluss, dass Christen tatsächlich das Zeugnis des Heiligen Geistes unmittelbar erfahren – ein Zeugnis, dessen wir uns bewusst sein können. In einem Brief an Conyers Middleton bezog sich Wesley selbstbewusst auf das Gefühl der Bestätigung, das man innerlich in den Wahrheiten des Christentums erfährt. Er sagte:

> Ich bin nun überzeugt, dass dies so ist: Ich erlebe es in meinem Herzen. Was das Christentum (als Lehre betrachtet) versprach, erfüllt sich in meiner Seele. Und das Christentum, als inneres Prinzip betrachtet, ist die Erfüllung dieser Versprechen. Es

ist Heiligkeit und Glückseligkeit, das Bild Gottes, das dem geschaffenen Geist eingeprägt ist, eine Quelle des Friedens und der Liebe, die ins ewige Leben entspringt.[14]

In diesem Bericht bezog sich Wesley auf Erfahrung im erfahrungsbezogenen, religiösen Sinne. Dies unterscheidet sich von der Mystik – der Wesley kritisch gegenüberstand – dadurch, dass man in diesem Zeugnis des Geistes nicht an einem Objekt per se teilhat, sondern in undifferenzierter Einheit (oder Vereinigung) mit dem göttlichen Wesen. Wesley hatte jedoch auch keinen rein empirischen Erfahrungsbegriff, in dem sich Daten auf durch die natürlichen Sinne gewonnenes oder bestätigtes Wissen beschränken. Wesley sah einen Zusammenhang zwischen spirituellen und physischen Erfahrungen und war daran interessiert, beide zu untersuchen. Im Christentum interessierte sich Wesley jedoch besonders für die innere, spirituelle Erkenntnis, die durch eine persönliche Beziehung zu Gott entsteht – die Herzensreligion, wie er sie so oft beschrieb.

Grenzen der Erfahrung

Neben diesen beiden religiösen Erfahrungen der Bekehrung und dem Zeugnis des Heiligen Geistes erwähnte Wesley Visionen, Träume und andere übernatürliche Erlebnisse. Er blieb jedoch vorsichtig, fast skeptisch, gegenüber den Behauptungen der Menschen, da deren Interpretation nicht sorgfältig genug war und die Möglichkeit einer menschlichen oder dämonischen Ursache bestand, anstatt einer göttlichen.[15] Wesley sagte mehr als einmal, dass Christen sich nicht auf Visionen verlassen sollten.[16] Er hegte ein ähnliches Misstrauen gegenüber Träumen, zeigte sich jedoch immer wieder fasziniert von ihnen.[17]

In seinen frühen Jahren war Wesley auch von mystischen Schriftstellern fasziniert. Doch trotz gewisser „Vorzüge", die er in ihren Schriften wahrnahm, erkannte er viele Mängel, so dass er schließlich mit ihnen brach, wie zum Beispiel im Fall von William Law, und deren Mystizismus zunehmend kritisch gegenüberstand.[18]

Diskussionsfragen

Obwohl Wesley Erfahrung als religiöse Autorität bezeichnete, stellt sich die Frage, in welchem Ausmaß Erfahrungen in Ihrem Leben eine Autorität darstellen. Inwieweit sollten Christen Ihrer Meinung nach Erfahrung als Autorität betrachten?

Welche Erfahrungen beeinflussen Ihre Überzeugungen, Werte und Praktiken: Persönlicher Hintergrund (z. B. Persönlichkeit, Bildung)? Familienhintergrund? Religiöser Hintergrund? Rasse? Geschlecht? Klasse? Sprache? Nationalität? Wie fördert (oder behindert) Ihr Bewusstsein dieser Einflüsse Ihr theologisches Verständnis?

Ist Wesleys Unterscheidung zwischen äußeren und inneren Erfahrungen hilfreich? Welche Beispiele für religiöses Wissen lassen sich auf äußere Erfahrungen übertragen: die Existenz Gottes? Die Verlässlichkeit der Heiligen Schrift?

Welche Beispiele für religiöses Wissen können auf innere Erfahrungen anwendbar sein: Bekehrungserlebnisse? Erlebnisse der Heilsgewissheit? Wie haben Sie Bekehrung oder Heilsgewissheit erlebt?

Wie sollten Christen Berichte über Wunder, Visionen und andere übernatürliche Erlebnisse betrachten? Wie helfen uns Heilige Schrift, kirchliche Tradition und Vernunft bei der Beurteilung ihrer Glaubwürdigkeit?

Inwieweit sind Christen im Hinblick auf die religiöse Autorität der Erfahrung konsequent (oder inkonsequent) in Bezug auf ihre theoretischen Aussagen im Vergleich zu ihrer praktischen

Lebensführung? Wie können sie konsequenter und damit weniger heuchlerisch werden?

Hinweise

[1]"Upon our Lord's Sermon on the Mount, VI" (1748, sermon 26), III.7, *Works* (Bicentennial ed.), 1:580-81.

[2]See "The Signs of the Times" (1787, sermon 66), I.4, *Works* (Bicentennial ed.), 2: 524.31. "A Clear and Concise Demonstration of the Divine Inspiration of the Holy Scriptures," *Works* (Jackson ed.), 11:484.

[3]"A Farther Appeal, III," III.28, *Works* (Oxford ed.), 11:310.

[4]"A Farther Appeal, III," III.28, *Works* (Oxford ed.), 11:310.

[5]"To the Revd. Samuel Wesley, Sen.," 10 December1734, §15, *Works* (Oxford ed.), 25:403.

[6]*Journal* (Curnock ed.), 1:471-72, 24 May 1738.

[7]"The Witness of the Spirit, II" (1767, sermon 11), III.6, *Works* (Bicentennial ed.), 1:290.

[8]Siehe beispielsweise Wesleys Erörterung der Erlösungsordnung in den *Notes upon the New Testament*, Röm. 6:18; "On Predestination" (1773, sermon 58), §16, *Works* (Bicentennial ed.), 2:421; and especially "The Scripture Way of Salvation" (1765, sermon 43), *Works* (Bicentennial ed.), 2:155-69.

[9]Wesley: quoted by Umphrey Lee, *John Wesley and Modern Religion* (Nashville: Cokesbury, 1936), 277.

[10]"The Witness of the Spirit, I" (1746, sermon 10), 1.7, *Works* (Bicentennial ed.), 1:274.

[11]"The Witness of the Spirit, I" (1746, sermon 10), 1.6, *Works* (Bicentennial ed.), 1:273-74.

[12]"The Witness of the Spirit, II" (1767, sermon 11), III.7, *Works* (Bicentennial ed.), 1:291.

[13]See "The Witness of the Spirit, I" (1746, sermon 10), 1.6–7, *Works* (Bicentennial ed.), 1:273, and "The Witness of the Spirit, II" (1767, sermon 11), III.5, V.3, *Works* (Bicentennial ed.), 3:289–90, 297–98.

[14]"To Dr. Conyers Middleton," 4 January 1749, II.12, *Letters* (Telford ed.), 2:383.

[15]For example, see "The Witness of the Spirit, I" (1746, sermon 10), §1, *Works* (Bicentennial ed.), 1:269.

[16]See *Journal* (Curnock ed.), 4:359–60, 25 November 1759, and "Minutes of Some Late Conversations," Q.16, *Works* (Jackson ed.), 8:284.

[17]Lee, *John Wesley and Modern Religion*, 277: „Einerseits misstraute Wesley Träumen, Visionen und exotischeren Erfahrungen und warnte seine Anhänger davor. Doch zeigte er ein ungewöhnliches Interesse an solchen Dingen, auch wenn er sie nur vorsichtig beurteilte. Seine Lehre, dass Gott sich in den kleinsten Einzelheiten des Lebens äußert und nicht nur das Universum erhält, sondern sich auch um die kleinsten Dinge seiner Kinder kümmert, weckte in ihm die Bereitschaft, sich zumindest jede Geschichte anzuhören, wie unwahrscheinlich sie auch sein mochte. Wesley bewahrte sich zweifellos ein Gefühl des Staunens, und dies war zweifellos für viele der Exzesse unter den frühen Methodisten verantwortlich."

[18]Siehe beispielsweise "To Mary Bishop," 19 September 1773, *Letters* (Telford ed.), 6:43–44.

ABSCHLUSS
WAS SOLLTEN WIR DANN TUN?

In Lukas 3,10 fragten Büßer Johannes den Täufer: „Was sollen wir denn tun?" Für Wesley genügte es nicht, die richtige christliche Theorie (Glaubenssätze und Werte) zu bekräftigen. Es war ihm auch wichtig, diese Glaubenssätze und Werte in die Praxis umzusetzen, indem er die Liebe zu Gott, zu sich selbst und zum Nächsten – individuell und kollektiv – zum Ausdruck brachte. Natürlich betonte Wesley die Bedeutung des Gebots, Gott und den Nächsten zu lieben, und er war der Ansicht, dass die Heilige Schrift die wichtigste Quelle sei, die Gott uns zum Verständnis dieses Gebots gegeben habe. In Anbetracht seines anglikanischen Hintergrunds bekräftigte Wesley auch die authentischen, wenn auch sekundären religiösen Autoritäten von Tradition und Vernunft. Zu diesen religiösen Autoritäten fügte Wesley Erfahrung hinzu. Er glaubte nicht, damit etwas Innovatives zu tun; er glaubte lediglich anzuerkennen, was Christen schon immer getan hatten. Indem er Erfahrung einbezog, zeigte Wesley das wachsende Interesse der Menschen im Allgemeinen und der Christen im Besonderen, alle Aspekte des Kontextes der Menschen zu berücksichtigen, die ihre Glaubenssätze, Werte und Praktiken beeinflussten. Seine Integration der Erfahrung als religiöse Autorität stellt einen der größten Beiträge Wesleys zur theologischen Entwicklung des historischen Christentums dar.

Wesley brachte viele Dimensionen des menschlichen Lebens und der Religion in Einklang, was nur wenigen in der Kirchengeschichte gelungen ist. William Abraham beschreibt wunderbar Wesleys Fähigkeit, verschiedene disjunkte Paare zu integrieren, die normalerweise getrennt und isoliert ausgedrückt werden. Abraham sagt:

> Betrachten Sie die folgenden disjunktiven Paare: Glaube, Werke; persönliche Hingabe, sakramentale Praxis; persönliche Frömmigkeit, soziales Engagement; Rechtfertigung, Heiligung; Evangelisation, christliche Erziehung; Bibel, Tradition; Offenbarung, Vernunft; Engagement, Höflichkeit; Schöpfung, Erlösung; Zellgruppe, institutionelle Kirche; lokale Szene, Weltgemeinde.[1]

Um dieses Gleichgewicht zwischen disjunktiven Paaren in Wesleys Theologie und seinem Wirken zu beschreiben, möchte ich zusammenfassen, wie er das Christentum in seiner Zeit und in seiner Zeit weiterentwickelte. Dann wird es leichter, Wesleys anhaltende Bedeutung für Christen heute im Hinblick auf die Frage zu erkennen: Was sollen wir also tun?

Zusammenfassung des Wesleyanischen Vierecks

Das 18. Jahrhundert markierte einen Wendepunkt in der westlichen Geistesgeschichte. Während der aufkeimenden Aufklärung reagierte Wesley auf das Bedürfnis der Christen, sich zur Heiligen Schrift und zur klassischen Orthodoxie zu bekennen. Er hatte das Privileg und die Bürde, in einer Übergangszeit zu leben, in der Christen ihren Glauben und ihre Lebenserfahrungen in Jesus Christus neu bekennen mussten. Anstatt allein zur Heiligen Schrift oder zu den Glaubensbekenntnissen und Bekenntnissen der alten Kirche zurückzukehren, konzipierte Wesley das historische Christentum im Lichte zeitgenössischer Anliegen und Denkweisen neu. Das Ergebnis seiner theologischen Arbeit war eher eine Annäherung an das Christentum als ein abgeschlossenes System. Doch sein Ansatz war im 18. Jahrhundert sowohl hinsichtlich der theologischen Methode als auch der spirituellen Erneuerung erfolgreich. Da Wesley sich nicht von bestimmten Philosophien oder theologischen Systemen sein Denken diktieren ließ, bieten seine Schriften bis heute Erkenntnisse für diejenigen, die sich der Heiligen Schrift und der klassischen Orthodoxie auf möglichst relevante und überzeugende Weise nähern möchten.

In all seinen Schriften war sich Wesley des immanenten Wirkens des Heiligen Geistes im Leben der Menschen und in der theologischen Aufgabe bewusst. Autoritätsfragen waren aufgrund der Gegenwart und höchsten Autorität des Heiligen Geistes im Leben und in der Theologie des Gläubigen lebendig und dynamisch. Angesichts der Notwendigkeit göttlicher Führung in der theologischen Aufgabe betrachtete Wesley Schrift, Tradition, Vernunft und Erfahrung als voneinander abhängige religiöse Autoritäten. Obwohl sie nicht in ein klares theologisches System passten, bildeten sie doch einen kohärenten methodischen Ansatz, der den geistlichen und theologischen Bedürfnissen seiner Zeit gerecht wurde.

Inmitten einer wachsenden Welle deistischer Bibelkritik bekräftigte Wesley die Inspiration und grundlegende religiöse Autorität der Heiligen Schrift, die durch das innere Zeugnis des Heiligen Geistes bestätigt wurde. Er bekräftigte die Autorität und Glaubwürdigkeit der Heiligen Schrift, ohne pauschal auf zeitgenössische Kritik zu reagieren. Stattdessen suchte er den Dialog mit Kritikern. Er versuchte, ihre besten Werke zu verstehen, zu würdigen und zu nutzen, ohne der Heilsbotschaft des Evangeliums Unrecht zu tun.

Die Autorität und Glaubwürdigkeit der Heiligen Schrift blieben unangetastet, obwohl Wesley erkannte, dass eine kritische Auseinandersetzung mit ihr zunehmend notwendig war. Seine Berufung auf Tradition, Vernunft und Erfahrung vervollständigte eine differenziertere Hermeneutik, die mit der Heiligen Schrift beginnt und endet.

Wesley verfügte über ein breites Wissen über das historische Christentum, sowohl im Osten als auch im Westen, das nur wenige seiner Zeitgenossen besaßen. Er betrachtete die klassische Orthodoxie als Quelle religiöser Autorität, die unser Wissen über biblische Wahrheiten wirklich ergänzt. *Sola Scriptura* bleibt für die Erlösung ausreichend. Doch die christliche Tradition dient als ergänzende Quelle für die theologischen und geistlichen Bedürfnisse der heutigen Christen.

Wesley beschränkte seine Theologie und sein Wirken nicht allein auf die protestantische Tradition. Im Gegenteil, er eignete sich frei Wissen aus der katholischen, orthodoxen und anderen christlichen Traditionen an. Diese Traditionen boten wertvolle

Erkenntnisse, um den Inhalt und die Vitalität wahrer, spiritueller Religion herauszuarbeiten. Seine katholische Haltung gegenüber verschiedenen Traditionen machte ihn bei vielen seiner Zeitgenossen und auch bei manchen Christen heute misstrauisch. Doch sein umfassender, universeller Ansatz macht seine Theologie auch heute noch relevanter und wirksamer.

Der Appell an die Vernunft als echte religiöse Autorität war im anglikanischen Denken schon vor Wesleys Zeit fest verankert. Wesley sah keinen Grund, den Einsatz der Vernunft und die Disziplin der Logik zu fürchten. Er bekräftigte den weit verbreiteten Glauben an die Vernunft des Christentums. Wesley erwartete nicht, dass die Vernunft irgendetwas in der Heiligen Schrift widerlegen würde, und betrachtete die Vernunft daher ohne Bedenken als Schutz des christlichen Glaubens.

Wesley setzte die Vernunft jedoch nicht unkritisch ein und sympathisierte auch nicht mit theologischen Systemen, die stark von rationalistischen Methoden beeinflusst waren. Er betrachtete die Vernunft als begrenzt, insbesondere in ihrer erkenntnistheoretischen Kraft. Doch dient die Vernunft als kritisches Werkzeug oder Mittel zur Reflexion über Theologie und das christliche Leben, und daher sollte unser Glaube mit guter Vernunft und Logik vereinbar sein. Der Inhalt unseres Glaubens beginnt nicht mit der Vernunft; er bestätigt und ergänzt die Gedanken und Erfahrungen von Christen. Daher bekräftigte Wesley die Vernunft als wesentlichen Bestandteil seines methodischen Ansatzes in der Theologie.

Wesleys Berufung auf die Erfahrung stellt seinen bekanntesten und zugleich umstrittensten Beitrag zur theologischen Forschung dar. Die erfahrungsbezogene oder experimentelle Dimension seiner Theologie bezog sich in erster Linie auf die Erfahrung des Heiligen Geistes Gottes im Leben der Gläubigen. Christen haben das Privileg, Vergebung, Liebe und Gegenwart Gottes zu erfahren. Spätere Erfahrungen eines veränderten Lebens und einer veränderten Einstellung bedeuten Heilsgewissheit.

Doch Wesleys Vertrauen in die Erfahrung ging über die unmittelbare Erfahrung des Göttlichen hinaus. Er unterschied nicht zwischen der Erfahrung der objektiven Realität Gottes und den damit einhergehenden subjektiven Gefühlen, Emotionen und Gedanken. Daher nahm er sich die Freiheit, empirisch beobachtbare Erfahrungen heranzuziehen, um christliche Glaubenssätze zu bestätigen, zu veranschaulichen und manchmal auch zu verfeinern. Obwohl für Wesley die Erfahrung nie die Quelle der Lehre war, spielte sie in der Theologie eine unbestreitbare Rolle.

Mit der Einführung der Erfahrung als Quelle religiöser Autorität sah Wesley keinen innovativen Ansatz in der Geschichte des christlichen Denkens. Er betrachtete Erfahrung als selbstverständlichen und wesentlichen Aspekt wahrer, biblischer Religion. Doch er bezog Erfahrung explizit ein, während sie zuvor nur stillschweigend Teil theologischer Bemühungen gewesen war. Indem er Erfahrung als authentische religiöse Autorität bekräftigte, sah er einen grundlegenden Wandel in der Entwicklung der theologischen Methode voraus. Im Gegensatz zu

Wesley konnten viele Theologen nach ihm Erfahrung nicht im Widerspruch zur Heiligen Schrift und zur klassischen Orthodoxie sehen.

Das Zusammenspiel dieser verschiedenen religiösen Autoritäten ist als Wesleyanisches Viereck bekannt geworden. Der Begriff ist eher eine Kurzform für ihre gegenseitige Abhängigkeit als eine klar definierte Darstellung von Wesleys Konzept religiöser Autorität und theologischer Methode. Das Viereck dient jedoch als hilfreiches Modell zum Verständnis der Komplexität und Dynamik von Wesleys theologischem Ansatz.

Ironischerweise stieß Wesleys theologische Methode außerhalb methodistischer Traditionen manchmal auf mehr Verständnis und Wertschätzung als innerhalb. Die Katholizität seines Denkens spricht insbesondere zeitgenössische Christen an, die ihre Hermeneutik und Theologie über kontextlose Formulierungen des Christentums hinausgehen möchten. Schrift allein, Tradition allein, Vernunft allein oder Erfahrung allein genügen nicht den kontextuellen Anforderungen an ein Verständnis der Vollständigkeit und Relevanz des christlichen Glaubens. Selbst die Kombination zweier oder drei dieser Komponenten genügt nicht dem Bedürfnis nach einer umfassenderen oder universelleren Betrachtung sowohl des Inhalts als auch der Vitalität des Christentums. Das Modell des Wesleyanischen Vierecks versucht, dem Bedürfnis nach mehr Katholizität und spiritueller Vitalität in der christlichen Theologie gerecht zu werden.

Das Wesleyanische Viereck ist kein perfektes Modell oder Paradigma. Nur wenige Modelle oder

Paradigmen sind das. Aber es hilft, einige der schwierigen Fragen religiöser Autorität und theologischer Methode zu beantworten, mit denen Christen im Laufe der Kirchengeschichte konfrontiert waren. Bedenken Sie, dass das Viereck eher als heuristisches Werkzeug oder Hinweis dient, wie man aufgeschlossener, anspruchsvoller und effektiver in der Umsetzung seiner Überzeugungen, Werte und Praktiken werden kann. Das Viereck ist an und für sich nicht so wichtig; anstatt ein Selbstzweck zu sein, dient es eher als Mittel, um im religiösen Verständnis sowie im Glauben, in der Hoffnung und in der Liebe zu Gott, sich selbst und anderen zu wachsen – spirituell und physisch, individuell und kollektiv.

Bewahren und Weiterbilden

Wie wir gesehen haben, sah sich Wesley nicht als einen Erneuerer der theologischen Methode. Er sah sich als theologisch orthodox und als Bewahrer der klassischen Tradition des Christentums. Dies traf so sehr zu, dass er in einer Predigt sagte: „Aber jede neue Lehre muss falsch sein; denn die alte Religion ist die einzig wahre; und keine Lehre kann richtig sein, es sei denn, sie ist dieselbe, ‚die von Anfang an war'."[2] Man kann also davon ausgehen, dass Wesley sowohl das historische, biblische Christentum bewahrte als auch Fortschritte in Bereichen machte, die notwendig waren, um die lebendige Spiritualität des Christentums zu fördern.

Genauer gesagt sah sich Wesley in der protestantischen und insbesondere anglikanischen Tradition wohl. Obwohl er den Anglikanismus und ganz Großbritannien spirituell und moralisch erneuern wollte, blieb er theologisch konservativ, da er sich weigerte, in Bezug auf religiöse Erfahrungen in die Extreme zu gehen.

Wesley orientierte sich an der anglikanischen Tradition und betrachtete seine Theologie und seinen Dienst als Spiegel der besten kirchlichen Tradition, insbesondere der Kirche der christlichen Antike. Die Tradition enthält die Lebenserfahrung unzähliger Generationen von Christen und vermittelt somit sowohl Lehren als auch Berichte über das Leben von Christen und Kirchengemeinden. Diese bilden zusammen mit der Heiligen Schrift den Maßstab für die Gestaltung heutiger christlicher Glaubenssätze und Praktiken. Darüber hinaus hilft uns die Tradition, problematische Passagen des Bibeltextes zu interpretieren und uns vor extremen oder ungesunden Glaubensauslegungen zu schützen.

Die Vernunft spielte in der anglikanischen Tradition eine zentrale Rolle als Vermittlerin zwischen konkurrierenden theologischen Methoden, die sich primär entweder auf die kirchliche Tradition oder die Heilige Schrift stützten. Als Vermittlerin diente die Vernunft dazu, Schrift und Tradition in ein ganzheitlicheres, relevanteres Verständnis des christlichen Glaubens zu integrieren. Wesley stimmte dieser Orientierung des Christentums im zunehmend säkularen Zeitalter der Aufklärung als vernünftig und glaubwürdig zu. Innerhalb dieser anglikanischen Tradition fühlte er sich als Geistlicher dazu berufen, sich für die Bewahrung oder Erneuerung jenes lebendigen, spirituellen Kerns der Frömmigkeit einzusetzen, der das Wesen des Christentums seit jeher prägte.

Der Appell an die Erfahrung, im weitesten Sinne, passte logisch in Wesleys theologische und pastorale Weltanschauung. Einerseits schien es naheliegend, sich explizit auf die historische christliche Heilserfahrung zu berufen: Wiedergeburt durch Buße und Rechtfertigung, die Innewohnen des Heiligen Geistes und die erkennbare Tatsache eines geheiligten Lebens. Andererseits bezog Wesley die Erfahrung bewusst in seine theologische Methode ein, um Christen – insbesondere Methodisten – vor dem wiederkehrenden rationalistischen und formalistischen Glauben zu bewahren, der die Vitalität des Heiligen Geistes im Leben eines Gläubigen erstickte. Vor allem anderen versuchte Wesley, eine vermittelnde Sicht des Christentums zu vermitteln, die die Extreme mystischer Begeisterung (einschließlich Antinomismus) einerseits und toter Orthodoxie, die wahre Herzensreligion unterdrückt, andererseits vermeidet. Auf diese Weise überwand Wesley die lähmenden Tendenzen unter Christen, die – zu ihrem lehrmäßigen Nachteil – die Notwendigkeit ignorierten, die religiöse Autorität der Erfahrung zu integrieren.

Abschließende Gedanken

Auf der Suche nach dieser ganzheitlichen Realität religiösen Glaubens leitete Wesleys Betonung der Erfahrung eine neue Ära der theologischen Methode ein. Obwohl er die volle Tragweite seiner Methodik möglicherweise nicht verstand, veränderte und bereicherte er die Kategorien für die theologische Aufgabe. Wie der Pietismus in Kontinentaleuropa erkannte Wesley, dass keine Theologie so kategorisiert oder systematisiert werden sollte, dass die authentische und belebende Dimension religiöser Erfahrung zu einem spirituell sensiblen Verständnis der Lehre und des christlichen Lebens außer Acht gelassen wird. Die Bedeutung religiöser Erfahrungen von Gläubigen konnte nicht länger stillschweigend für das Individuum oder die theologische Methode vorausgesetzt werden. Da sich Wesleys eigenes theologisches Bewusstsein gewandelt hatte, führte er die Erfahrung kontextuell in den Bereich der theologischen Methode im Bewusstsein des Englands des 18. Jahrhunderts und zukünftiger Theologen ein.

Damit nahm Wesley die Betonung der Erfahrung im 19. Jahrhundert vorweg, wenn auch nicht als Grundlage und schließlich als primäre Quelle religiöser Autorität für die christliche Theologie. Natürlich hatte er keinen direkten Einfluss auf die Entwicklung des liberalen protestantischen Denkens, denn Wesley war zu orthodox – zu biblisch –, um einen solchen Wandel zu bewirken. Doch Historiker wie Theologen gleichermaßen haben, um es mit den Worten Umphrey Lees auszudrücken, „schon lange erkannt, dass Wesley und der Methodismus im weitesten Sinne zum Zerfall der alten Orthodoxie und des Rationalismus des 18. Jahrhunderts beigetragen haben."[3] Andere, wie George Cell, behaupten, niemand habe den subjektiven, kontextuellen Faktor stärker in die Interpretation der Heiligen Schrift und die Formulierung christlichen Denkens einfließen lassen als Wesley.[4]

Wesleys Werk bleibt relevant, weil er einerseits einen historisch gefassten und spirituell lebendigen Kern biblischer Glaubenssätze, Werte und Praktiken bewahren wollte. Andererseits scheute er sich nicht, außerbiblische, interdependente und kontextuelle religiöse Autoritäten einzubringen, um die wahre, biblische, experimentelle Religion zu erkennen.

Diskussionsfragen

Stellen Sie sich die Frage: „Was sollten wir dann tun?" Wie bringt Sie das Wesleyanische Viereck dazu, anders zu denken? Wie bringt es Sie dazu, anders zu handeln?

Wie wichtig ist es für Christen, über religiöse Autorität nicht nur die Heilige Schrift zu berücksichtigen? Und wie hilfreich ist es, kirchliche Traditionen, kritisches Denken und einschlägige Erfahrung bei theologischen Entscheidungen zu berücksichtigen?

Warum ist es gemäß Wesley für Christen wichtig, die Heilige Schrift als ihre wichtigste religiöse Autorität zu bekräftigen? Welche Herausforderungen entstehen, wenn die Heilige Schrift – ob theoretisch oder praktisch – nicht mehr die wichtigste religiöse Autorität ist?

Warum ist es möglicherweise wichtiger, einen konsistenten Ansatz (oder eine theologische Methode) für die eigenen christlichen Überzeugungen, Werte und Praktiken beizubehalten, als eine systematische Theologie oder ein kirchliches Dogma zu bekräftigen?

Warum ist es wichtig, den Kontext (oder die Situiertheit) der eigenen christlichen Entscheidungen zu berücksichtigen? Wie hilft es Ihnen, Ihr Selbstverständnis zu verbessern? Wie hilft es Ihnen, die Überzeugungen, Werte und Praktiken anderer zu verstehen und wertzuschätzen?

Wie kann Ihnen das Wesleyanische Viereck heute bei Ihren aktuellen Fragen oder Sorgen von Nutzen sein? Wie kann es Ihnen in Bezug auf Ihr Leben und Ihr Denken als Christ von Nutzen sein?

Hinweise

[1] William J. Abraham, *Die kommende große Erweckung* (San Francisco: Harper & Row, 1984), 67.

[2] „Über die Sünde der Gläubigen" (1763, Predigt 13), III.9, *Werke* (Bicentennial-Ausgabe), 1:324.

[3] Umphrey Lee, *John Wesley und die moderne Religion* (Nashville: Cokesbury, 1936), 301.

[4] Vgl. George C. Cell, *Wiederentdeckung von John Wesley* (New York: Henry Holt, 1935), 72–73.

www.ingramcontent.com/pod-product-compliance
Lightning Source LLC
Chambersburg PA
CBHW051831090426
42736CB00011B/1752